꿈 대신 직업으로 말해볼게

고정욱·김원배 글 | 뭉선생 그림

자음과모음

작가의 말

꿈을 찾는 게임, 이제 출발!

안녕! 지금부터 특별한 게임을 시작할 거야. 이 게임에는 레벨도 있고, 스킬도 필요해서 조금 어려울 수 있어. 하지만 걱정하지 마! 우리가 초강력 무기와 비법을 알려 줄 테니까.

이 책을 펼치기 전에는 이렇게 생각했을지도 몰라.

"난 아직 초등학생인데요? 진로는 나중에 중학교 가서 생각해야 하는 거 아니에요?"

그렇지만 잘 생각해 봐. 꿈을 찾는 여정을 남보다 조금 먼저 시작한다면, 그만큼 더 멋진 미래를 만들어 갈 수 있지 않을까?

'20년 후, 나는 어떤 모습일까?'

'어떤 일을 하며 살고 있을까?'

지금부터 상상해 보자. 미래를 계획하는 건 게임에서 숨겨진 아이템을 찾는 것과 비슷해. 처음에는 어디에 있는지 잘 보이지 않지만 눈을 크게 뜨고 돌아다니다 보면 각자 가지고 있는 반짝이는 보물을 발견할 수 있지.

물론 중간에 어려운 미션이 나타날 수 있어. 시간 관리를 어떻게 할지, 내 감정은 어떤지 스스로 돌아봐야 하는 순간도 생길 거야. 이 책에는 그런 상황을 이겨 내는 비밀 전략과 팁이 가득 담겨 있어. 하나씩 따라가다 보면 어느새 다음 레벨로 올라가 있는 자신을 발견할 수 있을 거야.

이 책은 오랜 시간 수많은 학생에게 진로 교육을 해 온 김원배 선생님과 수백 권의 어린이책을 써 온 고정욱 작가님이 함께 만든 거야. 진로 찾기를 우리가 좋아하는 게임 형식으로 풀어냈기 때문에, 더 쉽고 재미있게 따라갈 수 있어.

우리가 너에게 바라는 건 단 하나야. 너만의 속도로 하루하루를 살아가며, 그 안에서 진짜 너의 꿈과 길을 찾는 것.

자, 그럼 준비됐지? 이제 이 책과 함께 여정을 시작해 보자.

다음 페이지를 넘기는 순간, 게임 스타트!

2025년 여름
고정욱, 김원배

차례

작가의 말 : 꿈을 찾는 게임, 이제 출발! 4

레벨 1
미래 직업, 지금과는 다를 거야

- 스킬 1 20년 뒤 유튜버도 사라질까? 10
- 스킬 2 의사도 로봇, 정보도 로봇이 지킨다 18
- 스킬 3 STEM, 미래 직업을 여는 열쇠 28
- 스킬 4 연결된 세상 속 새로운 직업 38
- 스킬 5 떡볶이 좋아하다 직업이 됐대! 46

레벨 2
꿈에도 작전이 필요해

- 스킬 1 꿈을 현실로 만드는 레시피 56
- 스킬 2 코치처럼 이끌고, 화가처럼 보여주는 멘토 66
- 스킬 3 시간은 다이아몬드라고! 74
- 스킬 4 성장 마인드 셋, 숨겨진 치트키 84

레벨 3
오늘의 나를 성장시키는 스킬 업

- **스킬 1** 공부는 내가 주인공이야 94
- **스킬 2** 셜록 홈즈처럼 단서를 찾아라 102
- **스킬 3** 디지털 리터러시, 앞으로의 보호막 110
- **스킬 4** 책 속에 숨은 직업의 씨앗 118

레벨 4
방향을 알려주는 직업 나침반

- **스킬 1** 강점도 약점도 나의 보물 128
- **스킬 2** 마음에서 꺼내보는 나만의 직업 136
- **스킬 3** 좋아하는 일을 직업으로 바꾸는 준비 146
- **스킬 4** 자격증으로 직업 전투력 업그레이드! 154

레벨 5
무엇보다 강력한 하나뿐인 무기

- **스킬 1** 좋아하는 일을 찾아서! 164
- **스킬 2** 성격이 이끄는 직업의 길 170
- **스킬 3** 내 가치로 완성하는 직업 지도 180
- **스킬 4** 끝날 때까지 끝난 게 아니야 188
- **스킬 5** 나를 믿으면 직업도 따라온다 196

레벨
1

미래 직업, 지금과는 다를 거야

과거에 진짜로 있었던 직업은 무엇일까?

① 촛불 관리자
② 소·말 관상가
③ 거위 깃털로 글씨 쓰는 사람
④ 빵 굽는 냄새 감별사

정답 ①, ③ 촛불 관리자는 중세 유럽에서 왕궁이나 성당 같은 곳에서 촛불을 관리하는 일이었어. 전기가 없던 시절에는 이 일이 엄청 중요했지. 거위 깃털 필경사는 컴퓨터나 복사기가 없던 시절, 손으로 책을 베껴 쓰는 직업이었어.

20년 뒤 유튜버도 사라질까?

퀴즈 잘 풀었어? 어때? 쉬울 것 같지만 헷갈리지? 중세에 중요한 직업이었던 촛불 관리자는 촛불 심지 길이가 줄어들기 때문에 하루에도 수십 번, 수백 번 새로운 심지로 바꾸고 심지를 잘라야 했어. 기술이 발달한 요즘에는 전기로 방의 불을 끄고 켤 수 있어서 없어진 직업이야.

거위 깃털로 글씨를 쓰는 직업인 필경사, 필사자도 있었어. 지금처럼 컴퓨터나 프린터, 복사기가 있었다면 이런 직업이 필요 없었을 거야. 인쇄 기술이 발명되기 전, 이들은 지식과 정보를 퍼뜨리는 데 중요한 역할을 했지. 하지만 지금은 이전과 달리 인공 지능(AI)이 글까지 써 주는 시대가 됐어.

인터넷 게임을 하다 보면 정기적으로 업데이트되고 새로운 캐릭터, 아이템, 몬스터가 등장하듯이 이 세상 모든 직업은 사라지거나 바뀌기도 하고 새롭게 생겨. 이동 변소꾼, 매품팔이, 전기수, 문안비, 물장수라는 직업을 들어 본 적 있어? 지금은 사라져서 낯설지만 과거에는 유망했던 직업이야.

직업이 변하는 이유는 뭘까?

첫 번째, 기술이 발전하기 때문이야. 요즘에는 스마트폰 카메라로 연예인 화보나 가수 뮤직비디오를 찍잖아. 휴대폰 카메라로 찍은 사진이 필름 카메라나 디지털카메라보다 화질이 더 좋을 때도 있어. 그렇다 보니 카메라를 사는 사람이 점점 줄어들고 있어. 구매하는 사람이 적어지다 보니 카메라 제조사, 카메라 수리공, 필름 제작자, 카메라 판매원은 다른 일자리를 찾아야 하지. 이처럼 기술이 좋아지면 어떤 일은 필요 없어지고, 또 어떤 일은 새로 생기기도 해.

두 번째, 사회가 달라지기 때문이야. 어린이 인구가 이전보다 크게 줄어든 거 알고 있어? 학생 수가 줄어들면서 학교도 하나

둘 문을 닫고 있어. 이런 일에 어떤 직업이 가장 먼저 영향을 받을까? 바로 유치원 선생님이야. 유치원에 다니는 어린이도 이전보다 적어지면서 유치원도 점차 문을 닫게 되기 때문이야. 그대신, 어르신이 많아지면서 요양원, 복지 센터에서 일하는 사람이 점점 더 늘어나고 있어. 사람들이 어떻게 살아가느냐에 따라 필요한 직업도 달라지는 거야.

세 번째, 환경이 달라졌기 때문이야. 몇 년 전부터 여름만 되면 무진장 덥고 겨울에는 눈이 엄청 오고 추워서, 사고도 자주 나고 환자도 늘어나고 있어. 미국에서는 산불이 며칠째 이어지고, 동남아시아에서는 폭우와 쓰나미로 집을 잃은 사람이 많아졌지. 이런 이상 기후 현상으로 지구를 지키는 친환경 산업이 주목받고 있어. 매연을 발생시키는 화력 발전소는 줄어들고, 태양열, 바람, 파도 등을 이용하여 전기를 생산하는 기술이 등장하고 있지. 이렇게 기후와 환경 변화에 따라 신재생에너지 전문가, 기후변화 대응 전문가, 에너지 공학 기술자와 같은 직업이 생기고 있어.

네 번째, 세상이 전부 연결되었기 때문이야. 지금은 한국에서도 뉴욕에서 일어난 일을 1분 안에 알 수 있어. 태블릿PC 하나만 들고 전 세계를 여행하는 크리에이터도 있고, 우리나라 중고차가 해외 곳곳의 도로를 달리는 것도 볼 수 있지. 우리는 세계가 하나로 연결되어 있는 세상에 살고 있는 거야. 다른 나라로 수출과 수입이 활발해지고 이동이 자유로워지면서 세계를 무대로 한 직업도 늘어나고 있어.

<mark>다섯 번째, 트렌드가 바뀌기 때문이야.</mark> 유튜버, 틱톡커, 스트리머. 요즘 인기 있는 직업이야. 영상 플랫폼의 인기로 콘텐츠 크리에이터라는 직업이 주목받고 있어. 사람들의 관심과 트렌드가 직업에 영향을 준 거야. 이제는 방송국에 가서 출연을 부탁할 필요가 없어. 카메라 하나로 내 방에 방송국을 만들어 촬영하고 편집해서 영상을 업로드하면 되니까. 이처럼 사람들이 좋아하는 게 달라지면, 새로운 직업이 뜨지.

우리가 어른이 되면 어떤 직업이 인기 있을까? 달라지는 세상에 맞추어 직업은 계속 사라지거나 새로 생겨날 거야. <mark>변화를 주의 깊게 살피는 사람이 원하는 방향으로 게임의 여정을 이끌 수 있어.</mark>

어제와 오늘이 같지 않듯이, 내일과 이십 년 후의 미래는 분명히 다를 거야. 그에 맞추어 직업도 계속 변하겠지. 이런 변화가 무서울 수 있어. 하지만 우리를 힘들게 만들지는 않을 거야. 오히려 기회가 생길 수 있거든.

우리는 항상 변화에 관심을 가져야 해. 변화를 빨리 알아차리는 사람이 새로운 기회를 먼저 잡을 수 있기 때문이지. 그렇기에 세상이 어떻게 변하는지 관심을 가지는 것은 정말 중요해. 일상에서 호기심을 가지고 세상이 어떻게 변화하는지 살펴보는 것이 미래에 반짝이는 직업을 찾는 열쇠가 될 수 있어.

지금 이 순간의 생각, 선택, 노력이 조금씩 모여서 이십 년 후의 미래를 만들 거야. 세상이 어떻게 변하든, 너는 그 변화 속에서 빛나는 별처럼 너만의 자리를 찾게 될 거야. 그러니 두려워하지 말고 용기 내어 앞으로 나아가자.

깊이 생각해 보자! 상상력 퀘스트!

할머니, 할아버지가 어릴 때 직업이 지금은 어떻게 변했을까? 과거 직업을 찾아보고, 현재 주위에서 찾을 수 있는 직업을 떠올려 보자!

과거
물장수
인력거꾼
전화 교환원
버스 안내원
똥지게꾼

➡

현재

앞으로는 어떤 직업이 더 생겨날까? 세상이 어떻게 변하고 그에 따라 직업은 어떻게 변할지 뭉게뭉게 상상해 보자!

이 일을 할래요!	이 일이 필요한 이유는요!
외계인 인터뷰어	우주 탐사가 활발해지면서 외계인과 접촉할 가능성이 커질 거야. 그럼 외계인과 소통할 수 있는 사람이 필요하겠지?

원배 쌤의 꿈 공략집

꿈을 이루기 위해서는 먼저 자신을 잘 살펴야 해요. 평소 관심사를 파악하면서 자신이 어떤 사람인지를 알아야 하죠. 학교에서 배우는 수업에도 집중해야 해요. 우리나라에 있는 16,891개의 직업은 모두 여러분이 배우는 과목과 연결되어 있기 때문이죠. 관심 없는 과목도 집중해서 제대로 듣다 보면 몰랐던 흥미를 발견할 수도 있답니다. 배우면 배울수록 관심 분야가 넓어지면서 꿈과 연결되겠죠!

고정욱 작가의 지혜 한 스푼

드라마에서 다른 사람을 사랑하는 주인공이 전 연인에게 이렇게 외쳐요.
"사랑은 변하는 거야!"

이 대사와 마찬가지로, 세상도 계속 변하고 있어요. 저도 변하고 여러분도 변하죠. 하지만 어떻게 변할지는 아무도 몰라요. 지금 유망한 직업이 미래에도 잘나갈지 알 수 없죠.

여러분도 변하는 마음과 상황에 맞추어 직업을 열 번 이상 계속 바꿀지도 몰라요. 이럴 때 우리에게 필요한 마음은 뭘까요? 바로 변화를 즐겁게 받아들이고, 나도 흐름에 맞추어 변하겠다는 마음가짐이랍니다. 이것을 유연성이라고도 해요.

Quiz

요즘은 4차 산업 혁명 시대야. 앞으로 어떤 직업이 새로 생겨날지 궁금하지? 아래 보기 중에서 미래에 실제로 등장할 가능성이 가장 높은 직업은 무엇일까?

❶ 우주에 쓰레기를 버리는 청소부
❷ 로봇에게 피자를 만들어 주는 요리사
❸ 동물과 대화하는 동물 언어 번역가
❹ 가상 세계의 집을 디자인하는 건축가

정답 ❹ 가상 세계에서 집을 짓는 건축가는 벌써 현실이 되어 가고 있어! 'Earth(어스)'라는 사이트에서는 실제 지구 사진을 바탕으로 땅을 사고팔기도 해. 진짜 땅은 아니지만, 많은 사람의 주목을 받고 있지.

의사도 로봇, 정보도 로봇이 지킨다

　최근 '4차 산업 혁명'이라는 말 자주 듣지? 이 말은, 2016년 1월 스위스 다보스 포럼에서 세계 경제인과, 정치인 들이 모여 세계 경제를 발전시키는 방법을 논의하는 과정에서 처음 나왔어.

　혁명이라는 말이 조금 어렵게 느껴질 수도 있지만, 알고 보면 쉬워. '혁명'은 무언가가 완전히 바꾸는 일을 말해. 즉, 우리가 살아가는 세상에 큰 변화를 가져온다는 이야기야.

　그럼 4차 산업 혁명은 왜 일어나는 걸까? 바로 로봇과 인공 지능(AI) 덕분이야. 이 둘이 사람을 도와주면서 실제 세계와 가상 세계가 하나로 연결되는 시대가 오는 거지. 예를 들어, 우리가 컴퓨터로 물건을 주문하면 로봇이 직접 그 물건을 만들어서 배달까지 할 수도 있어. 이런 시스템을 현실에 적용하기 위해 꾸준히 연구하고 있지. 언젠가는 냉장고에 달걀이 없으면, 냉장고가 구매해야 한다고 알려 주고, 알아서 주문하는 세상이 올 거야. 사물이 자동으로 움직이고, 더 똑똑하게 서로 소통할 수 있게 되는 세상, 바로 그게 4차 산업 혁명이 만드는 세상이야.

4차 산업 혁명은 우리가 상상했던 미래가 현실이 되는 시대야. 이 시대에는 모든 것이 인터넷으로 연결되는 세상인 **'초연결 사회'** 가 될 거야. 스마트폰으로 집 안에 있는 가전제품을 조작하고, 멀리 있는 친구를 실시간으로 가상 현실(VR)에서 만날 수 있는 기술은 이미 점점 일상에서 쓰이고 있어.

로봇이나 인공 지능이 사람처럼 똑똑해져서 복잡한 문제를 해결하거나 도와주는 **'초지능화 시대'** 도 올 거야. 사람처럼 생긱고, 배우고, 문제를 해결하는 똑똑한 AI 로봇이 공부를 도와주거나 일을 알아서 처리하는 모습을 상상하면, 초지능화 시대가 어떤 세상인지 예측할 수 있을 거야.

미래 기술이 바꾸는 직업 세계

아침에 인공 지능 비서의 목소리에 눈을 뜨고 등교 준비를 하는 게 더 이상 먼 미래가 아니야. 학교에서 AI 선생님이 수업 하는 날도 머지않아 올 거야. 지금은 잠시 보류되었지만 AI로 만든 교과서도 이미 제작하고 있고, 학교에서도 사용할 준비를 하고 있대. 이렇게 우리 생활과 직업을 바꾸는 힘은 바로 과학과 기술이야. AI, 로봇, 가상 현실, 자율 주행 그리고 블록체인 같은 기술이 지금의 첨단 산업을 이끌고 있어.

AI는 이미 병원에서도 큰 활약을 보이고 있어. 몇 년 전, 선생님이 수술받으려고 상담했는데, 의사 선생님이 인공 지능으로 수술받을지, 사람 의사에게 수술받을지 선택하라더라고. 선생님은 무서워서 의사 선생님에게 부탁했지. 어쩌면 AI 의사는 더 정확하고 정교하게 수술할 수 있었을지도 몰라. 하지만 수술비가 엄청 비싸서 선택하기 어려웠어. 앞으로 AI 기술이 좋아지고 가격도 내려가면, 많은 사람이 AI 의사에게 안전하게 수술받을 수 있을 거야.

한편, 로봇 연구로 물건을 만드는 공장과 배달하는 회사에도 큰 변화가 생겼어. 자동차와 같은 큰 물품을 만드는 일을 로봇이 대신하고 있거든. 물건을 배송하는 물류 창고에서도 로봇이 선반에서 상품을 꺼내고, 포장하고, 배송 준비를 도와주는 역할을 하고 있어. 사람들은 로봇이 잘 만드는지만 지켜보고 있지. 로봇 덕분에 일의 속도가 높아지고, 사람들은 조금 더 창의적인 업무에 집중할 수 있게 되었어.

가상 현실은 컴퓨터를 이용하여 내가 마치 현실에 놓여 있는 것처럼 느낄 수 있게 만든 기술이야. VR 안경과 같은 기기를 쓰면 방 안에서도 게임이나 영화에 들어가서 놀 수 있어. 건축가들은 이 기술로 자신이 설계한 건물을 가상으로 짓고 디자인의 문제점을 미리 찾아 고치고 있어. 또 이 기술을 이용하면 방 안에서 우주 비행사가 되어 달이나 화성을 걸어 다닐 수도 있어.

자율 주행 자동차는 도로를 달리다가 앞에 사람이 나타나면 멈추고, 신호등이 빨간불이면 정지했다가 파란불로 바뀌면 다시 출발해. 과속 방지턱이 있으면 속도를 줄여 천천히 지나가기도 하지. 운전자가 운전대를 잡지 않아도 자동차가 목적지까지 스스로 알아서 가는 기야. 요즘은 자율 주행 시험용 버스를 거리에서 볼 수 있어. 사람 아닌 기술이 운전을 대신하고, 사람은 기술 오류로 사고가 나지 않을까 지켜보는 역할만 하지. 미국에서는 아예 기사 없이 운행되는 자율 주행 택시가 실제로 도로를 달리고 있대. 이처럼 기술 하나로, 우리가 일상에서 당연하게 여기던 '운전사'라는 직업이 점점 변화하고 있어.

블록체인은 정보를 여러 명이 함께 지켜보면서 안전하게 기록하는 방법이야. 한 사람이 혼자 몰래 바꿀 수 없는, 모두가 함께 보는 디지털 공책 같은 거지. 블록체인은 비트코인 같은 디지털 돈이나 게임 아이템, 물건이 어디서 왔는지 추적할 때 활용되고 있어. 이런 기술과 함께 블록체인 개발자, 정보 보호 전문가, 암호학자 등 관련 직업이 생겨나고 있지.

이처럼 새로운 기술은 우리의 생활을 완전히 바꾸어 놓고 있어. 이외에도 우리 일상에서 볼 수 있는 미래 기술을 더 소개할게.

세상을 변화시킬 미래 기술	
빅 데이터	많은 사람이 매일 사진도 찍고 영상도 보고 글도 쓰고 검색도 하지. 이런 정보를 하나하나 모으면 산처럼 쌓인 데이터가 돼. 우리는 이걸 빅 데이터라고 해. 이것을 컴퓨터가 모아서 분석하면 새로운 사실이나 패턴을 찾아낼 수 있어.
사물 인터넷 (IoT)	사람과 사물, 사물과 사물이 인터넷으로 연결되어 서로 정보를 주고받으며 똑똑하게 움직이는 기술이야. 냉장고, 텔레비전, 에어컨 등이 서로 인터넷으로 연결되어 있는 거야.

신경 기술	사람의 뇌와 신경이 어떻게 작동하는지 연구하는 분야야. 뇌와 기계를 연결해서 생각만으로 기계를 움직이거나 몸을 더 건강하게 도와주는 기술이지.
생명 공학	우리 몸을 아프게 하는 바이러스나 세균을 연구해서 몸이 스스로 이겨 낼 수 있는 백신을 만드는 기술이 여기에 속해. 사람, 동물, 식물, 미생물 등의 특징이나 능력을 연구해서 우리가 더 편리하고 건강하게 살 수 있도록 기술을 만드는 분야야.
나노 기술	아주 작은 물질을 세밀하게 다루고 조작해서 새로운 것을 만드는 기술이야. 나노 기술로 만든 옷은 물이나 먼지가 잘 묻지 않아. 옷 외에도 건강, 환경, 전자 기기 등 다양한 분야에서 활용되고 있어.
3D 프린터	컴퓨터로 만든 입체 도면이나 설계도를 보고 진짜 물건을 만들어 주는 프린터야. 컴퓨터 프로그램으로 자동차 모양을 설계하면 실제로 자동차 모형을 출력해.
양자 컴퓨터	우리가 일상적으로 사용하는 컴퓨터를 사용하기에 너무 복잡한 문제를 빠르게 해결하는 컴퓨터야. 보통 컴퓨터는 일 초에 수천 개를 계산할 수 있지만, 양자 컴퓨터는 한 번에 수억 개를 동시에 계산할 수 있어. 여러 문제를 동시에 풀 수 있는 미래형 컴퓨터라고 할 수 있지.

증강 현실 (AR)	우리가 실제로 보고 있는 현실 세계에 가상 정보를 덧붙이는 기술이야. 쉽게 말해 스마트폰이나 태블릿 화면을 통해 현실과 가상을 합친 모습을 볼 수 있는 거지. 예를 들어 스마트폰 카메라로 책상을 비추면 스마트폰 화면 속에서 3D 모형 혹은 애니메이션이 보이는 기능이야.
항공 우주 공학	우주 공학은 우주에 가는 데 필요한 것을 만들고 연구하는 학문이야.
유전자 공학	사람, 동물, 식물, 미생물 등 생물의 유전자를 마치 블록처럼 조립하거나 바꿔서 새로운 성질을 가진 생물을 만드는 기술이야. 유전자를 조절해서 더 건강하고 유익한 삶을 살 수 있도록 도와주는 과학 기술이지.

깊이 생각해 보자! 상상력 퀘스트!

가상 현실을 상상해 볼까? 마법 안경을 쓰고 내가 가 보고 싶은 곳을 그려 보자!

어느 날 나에게 로봇 비서가 생겼어. 가장 먼저 어떤 일을 시키고 싶은지 적어 보고, 왜 그 일을 시키고 싶은지도 함께 설명해 보자.

로봇 비서야, 이 일을 부탁해!

왜냐하면 말이야······.

원배 쌤의 꿈 공략집

요즘 Chat GPT가 열풍이죠. 이 기술은 세상을 완전히 새롭게 만들고 있어요. 미래에는 AI와 인간이 함께 팀을 이뤄서 더 많은 일을 할 거예요. 여러분이 지금 배우고 있는 기술과 지식이 미래의 직업을 준비하는 첫걸음이죠. 미래에 생겨나는 새로운 직업에 발맞추어 지금부터 다양한 경험을 쌓아야 해요. 그러면 여러분의 흥미, 재능 그리고 꿈을 찾을 수 있을 거예요. 어떤 꿈을 꾸든, 그 꿈을 이루기 위해 매일 조금씩 준비하면 미래에 분명 도움이 될 거예요!

💡 고정욱 작가의 지혜 한 스푼

최근에 나는 유명한 어린이 문학상인 아스트리드 린드그렌 기념상 후보가 되었어요. 심사를 위해서 내가 이루어 낸 일을 영어로 작성해서 스웨덴으로 보내야 했지요. 그래서 한글로 내가 한 일을 정리한 다음에, 인공 지능에게 명령을 내렸어요.

"린드그렌상 심사 위원들이 읽고 감동할 정도로 품격 있고 고급스러운 영어로 번역해 줘. 그리고 내가 동화 작가니까 쉬우면서도 문학적인 표현을 많이 넣어 줘."

인공 지능한테 이렇게 구체적으로 명령하니까 아주 멋지게 번역해 주지 뭐예요. 이렇게 인공 지능이나 로봇도 잘 쓰려면, 명령을 내리는 사람도 똑똑하게 생각하고 질문해야 해요.

Quiz

천문학자, 엔지니어, 혹은 컴퓨터 프로그래머 같은 직업 분야를 'STEM'이라고 해. 이런 직업을 가진 사람이 미래에 발명할 가능성이 큰 기술은 무엇일까?

1. 달에서 버블티를 팔아 주는 자판기
2. 걷는 걸 도와주는 로봇 다리
3. 온도가 조절되는 옷장 속 날씨 시스템
4. 로또 번호를 미리 알려 주는 로봇 친구

정답 ❷ 스스로 걷는 신발은 이미 연구되고 있는 기술이야. 예를 들어, 착용 로봇은 사람의 움직임을 느끼고 근육에 추가적인 힘을 보태 주는 장치야. 무거운 짐을 들어 올릴때 착용하면 힘이 훨씬 세져서, 실제로 많이 활용되고 있어.

STEM, 미래 직업을 여는 열쇠

영화를 보면 슈퍼히어로가 지구를 구하잖아. 그런 일이 현실이 되는 날도 멀지 않았어.

오늘은 특별한 SF 영화를 하나 소개할게. '배움누리'라는 마법의 땅에는 네 명의 슈퍼히어로가 살고 있었어. 그들의 이름은 바로 과학(Science), 기술(Technology), 공학(Engineering), 그리고 수학(Mathematics) 이야. 네 명의 히어로는 'STEM'이라는 팀을 조직하여 마을에서 일어나는 큰 문제를 해결하고, 보다 살기 좋은 세상을 위한 물건을 만들기 위해 힘을 합쳤어.

STEM의 첫 번째 멤버는 '과학'이야. 그는 늘 탐정처럼 '왜 태양이 빛날까?', '무지개가 생기는 이유는 무엇일까?'와 같은 질문을 던지며 돋보기로 세상을 관찰하고, 다양한 색의 물약을 섞거나 자라는 식물을 지켜보는 등 여러 실험을 했지. 그리고 사람들에게 세상 속 현상에 대해 '왜?'라는 호기심을 가질 수 있도록 가르쳤어.

STEM의 두 번째 멤버 '기술'은 사람들이 일상생활에서 필요한 기계를 만드는 천재 발명가야. 말하는 로봇, 마법의 스마트폰, 심지어 날아다니는 자동차까지 만들어 사람들이 더 빠르고 쉽게 일할 수 있도록 도와주었지.

세 번째 멤버 '공학'은 STEM의 리더야. 그는 다리, 고층 빌딩, 롤러코스터를 포함한 모든 것을 설계하고 건설할 수 있었어. 까다로운 퍼즐을 풀고 튼튼하고 안전한 구조물을 만들어서 마을 사람들의 일상생활을 편리하게 만들어 주었지.

마지막 멤버 '수학'은 조용하지만 똑똑해. 별, 음악, 심지어 쿠키가 만들어지는 과정에서도 패턴과 원리를 찾아냈어. 팀에서 신중함 정밀성이 필요한 문제를 해결하는 데 큰 도움이 되었어.

어느 날, 무시무시한 용 '페르노스'가 마을에 나타났어. 길을 막고, 동물들을 놀라게 하고, 마을 사람들의 음식을 깡그리 빼

앗아서 먹어 치웠지. STEM은 마을을 구하기 위해 모여서 긴급회의를 했어.

과학은 관찰 끝에 용이 배가 고파서 난폭해졌다는 걸 알아냈고, 기술은 반짝이는 로봇을 만들어 용의 주의를 돌렸어. 공학은 용이 진정할 동안 안전하게 가둘 수 있는 우리를 설계했고, 수학은 용이 다치지 않고 들어갈 수 있도록 크기와 무게를 정확히 계산했어.

그렇게 용은 다치지 않고 잡혔고, 배가 부르자 얌전해졌어. STEM은 용을 죽이는 대신 훈련을 시켜 마을을 지키는 수호자로 만들었어.

과학의 선구자를 이끄는 STEM

STEM은 문제가 발생하면 해결하고 세상을 더 좋게 만들기 위해 함께 일하는 슈퍼히어로 팀과 같아. 과학, 기술, 공학, 수학 이 네 분야는 우리가 살아가는 세상과 앞으로 만들어 갈 미래를 이해하는 데 아주 중요한 열쇠야.

과학은 세상이 어떻게 움직이는지 궁금해하고, 그 답을 찾기 위해 실험하고 관찰하는 활동이야. 하늘은 왜 파란지, 무지개는 왜 생기는지, 지구는 왜 자전하는지 같은 질문에 대한 답을 찾는 거야.

기술은 우리가 사용하는 스마트폰, 컴퓨터, 로봇처럼 편리한 도구나 기계를 만들고 사용하는 것을 의미해. 기술을 배우면 우리가 상상한 것을 직접 만들 수 있어.

공학은 튼튼한 다리를 만들거나 멋진 건물을 짓는 것처럼 무언가를 설계하고 만드는 일을 말해. 공학을 통해 우리는 안전하고 편리한 생활을 누릴 수 있어.

수학은 계산하고 문제를 해결하는 힘을 길러 줘. 수학은 숫자뿐만 아니라 도형, 규칙, 퍼즐을 통해 우리가 스스로 생각하는 힘을 키우는 데 도움을 줘.

옛날에는 STEM이 없었을 텐데, 어떻게 이런 지식을 만들었을까? 바로 여기서 '연금술사'라는 특별한 사람들이 등장해. '돌멩이를 금으로 바꿀 수 있다면 얼마나 멋질까?' 하는 생각으로 꿈을 이루기 위해 연구한 사람들이야.

연금술사는 실험을 통해 세상의 비밀을 알아내고자 노력했어. 그 과정에서 세상에 존재하는 약초, 광물 그리고 여러 자원을 섞어 새로운 물질을 만들거나 병을 고치는 약을 지었어. 물질이 어떻게 섞이고 변하는지 알아내면서, 오늘날 화학의 기초를 마련했고 의약품을 만드는 데 중요한 원리를 발견했지.

연금술사는 과학의 선구자라고 할 수 있어. 그들의 노력으로 현대 과학 문명의 토대가 마련되었으니까. 연금술사는 오늘날 STEM을 가능하게 한 첫 번째 탐험가였던 거야.

그들 덕분에 우리는 STEM을 배우고 활용하면서, 과거의 지식 위에 미래의 발명과 발견을 더하게 된 거야. 너도 연금술사처럼 상상하고, 실험하고, 실패도 하다 보면 세상을 바꾸는 '진짜 슈퍼히어로'가 될 수 있어.

미래를 바꾸는 STEM 직업

천문학자(astronomer)는 별, 행성, 우주를 연구하는 과학자를 말해. 큰 천체 망원경을 비롯해 다양한 방법으로 하늘을 관찰하고, 별이 왜 빛나는지 행성이 어떻게 움직이는지 등을 알아내는 일을 하지.

엔지니어(engineer)는 문제를 해결하고 세상 모든 것을 만드는 사람들이야. 다리, 로봇, 자동차, 심지어 비디오 게임까지 만들 수 있어. 여러 종류의 엔지니어가 있지만, 모두 수학과 과학을 활용해.

컴퓨터 프로그래머(computer programmer)는 '코드'라는 명령어로 컴퓨터, 휴대폰, 로봇이 작동하도록 하는 사람이야. 게임, 앱, 웹사이트, 문서 같은 우리가 매일 사용하는 것을 만들어.

해양 생물학자(marine biologist)는 돌고래, 상어, 거북이 같은 바다 동물과 식물을 연구하는 사람이야. 이 생물들이 살아가는 방법 그리고 그들이 살아가는 바다 환경을 보호하는 방법을 찾아내지.

게임 디자이너(game designer)는 사람들이 즐기는 비디오 게임을 만드는 사람이야. 캐릭터, 게임 스토리 그리고 게임을 즐겁게 할 수 있는 아이디어를 생각해 내고, 예술가나 프로그래머와 함께 협력해서 게임을 완성하지. 창의력, 이야기 구성 능력 그리고 게임을 만드는 기술이 필요한 직업이야. 게임을 좋아하고 자신만의 세계를 만들어 보고 싶은 사람에게 딱 맞는 직업이라고 할 수 있어.

로봇 공학자(robotics engineer)는 사람처럼 움직이는 로봇, 공장에서 일하는 로봇, 장애인을 돕는 로봇 등 다양한 로봇을 만드는 사람이야. 로봇이 넘어지지 않게 하거나 정확하게 물건을 집을 수 있도록 안정적이게 설계하는 게 중요하지. 이러한 로봇은 위험한 곳에서 사람 대신 일하기도 하고, 사람을 도와주는 친구가 되기도 하지.

가상 현실 디자이너(virtual reality designer)는 VR 안경을 쓰면 마치 다른 세상에 있는 것처럼 느낄 수 있는 기술을 연구하는 사람이야. 가상의 놀이공원, 교실, 병원, 우주 공간 등을 만들 수 있어. 우리에게 환상적인 세상을 경험하게 해 주지.

사이버 보안 전문가(cybersecurity expert)는 해커가 컴퓨터를 공격하지 못하게 막고, 개인 정보를 안전하게 지키는 방법을 연구하는 사람이야. 공공 기관과 개인의 정보를 보호하는 디지털 경비원이지.

> **STEM을 체험할 수 있는 곳을 알려줄게**
> ▶ 각 기관에서 운영하는 과학 체험관
> ▶ 청소년과학기술진흥센터: https://hytist.hanyang.ac.kr/home
> ▶ 한국과학창의재단: https://www.kosac.re.kr

깊이 생각해 보자! 상상력 퀘스트!

한 과학자가 화성에 가는 우주선을 개발하고 있어. 나라면 어떤 우주선을 만들지 상상해서 그려 보자.

내가 마법사라면 어떤 물건을 만들고 싶어? 단 하나뿐인 나만의 물건을 상상해 보자.

원배 쌤의 꿈 공략집

STEM은 세상을 이해하고 문제를 해결하는 데 엄청난 도움을 줘요. 배우는 과정이 어렵게 느껴질 수도 있지만, 그 과정에서 겪은 실패가 많은 깨달음을 줄 거예요. 두려워하지 말고, 좋아하는 로봇이나 게임을 만들어 보세요.

궁금한 것을 계속 질문하고 탐구하는 태도를 가지세요. STEM은 창의력과 상상력을 키울 수 있는 멋진 도구랍니다. 이 분야를 열심히 배우다 보면 여러분도 세상을 바꾸는 발명가가 될 수 있어요.

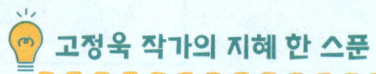

고정욱 작가의 지혜 한 스푼

STEM은 과학자에게만 필요한 공부일까요? 그렇지 않아요. 나는 원래 의사가 되고 싶었지만, 장애로 꿈을 접고 국어국문학과에 진학해 작가가 되기 위해 끝없이 노력했지요. 수학과 과학을 열심히 공부해서인지 과학적인 글을 쓰게 되었어요. SF 소설이나 수학 소설까지 쓸 수 있었지요.

이처럼 어렵고 까다로워도 STEM 공부는 어디에나 도움이 될 수 있어요. 그러니 멀리하지 말고 흥미를 가지면 생활 속에서 다양하게 활용할 수 있을 거예요.

Quiz

세계화로 난생처음 보는 직업이 생겨나고 있어. 최근에 생긴 상상하지도 못한 직업은 무엇일까?

① 구름의 무게를 재는 구름 측정 전문가
② 맛있는 초콜릿 냄새를 맡아 주는 전문가
③ 만두 모양을 디자인하는 디자이너
④ 반려동물 전용 음악을 만드는 작곡가

정답 ④ 반려동물을 키우는 사람이 점점 늘어나고 있어. 그러다 보니 사람을 위한 것이 반려동물에게도 필요해졌지. 반려동물 전용 음악 만드는 직업도 전 세계적으로 주목받고 있어.

연결된 세상 속 새로운 직업

 '**디지털 노마드**'라는 말을 들어 봤어? 스마트폰이나 노트북을 들고 다니면서 시간과 장소를 가리지 않고 자유롭게 일하는 사람들을 말해. 아침에 회사로 출근해서 한 장소에서 일정 시간 동안 일하고 퇴근하는 사람들과 달리, 자신만의 시간을 정해서 생활 양식을 만들어 가는 사람들이지. 이들은 정해진 사무실이 없어. 전자 기기 하나만 들고 인터넷이 가능한 곳이면 어디서든 일할 수 있어.

 이런 일이 가능한 이유는 뭘까? 바로 기술력 덕분이야. 많은 용량의 기록을 저장하는 클라우드 서비스, 영상 통화, 인터넷 같은 디지털 기술이 시간과 장소의 제약을 없앴어. 이제는 인터넷만 있으면 전 세계 어디에서나 업무를 처리할 수 있는 시대가 된 거라고.

그렇다면 디지털 노마드에게 잘 맞는 직업은 뭘까? 프리랜서 디자이너, 콘텐츠 크리에이터, IT 개발자처럼 디지털 환경에 익숙하고 자기 주도적으로 일할 수 있는 직업이 여기에 해당해.

하지만 기술의 발달은 단순히 일하는 방식만 바꾼 게 아니야. 빈곤, 환경 문제처럼 전 세계가 함께 해결해야 할 과제가 늘어나면서 다양한 문화와 기술을 이해하고 협력할 수 있는 글로벌 인재의 필요성이 부각되고 있어.

글로벌 시대 속 협력을 돕는 직업인

우리나라의 평균 기온이 매년 변하고 있다는 사실 알고 있어? 여름은 점점 길어지고, 최고 기온은 매년 기록을 경신하고 있어. 지구 온난화는 우리나라만의 문제가 아니야. 지금 세계 대부분의 나라가 함께 고민하고 해결책을 찾고 있지. 이러한 세계 문제 속에서 협력을 바탕으로 기술과 지식을 나누는 직업인의 역할이 점점 더 중요해지고 있어. 다른 나라와 기술을 주고받고, 낯선 문화에 적응해 가며 일하고 있는 '글로벌 인재'가 그 중심에 있지.

통역사, 무역 사무원, 외교관, 국제 개발 협력 전문가, 국제 환경 전문가, 국제 식량 농업 전문가와 같은 글로벌 인재는 다른 문화와 배경의 사람들과 함께 생활하기 위해 꼭 필요한 능력과 태도를 갖추어야 해. 각 국가의 사회·경제적 문화 차이를 이해하고 다른 사람과 원만하게 협력할 수 있는 포용력을 길러야 하지. 이런 태도를 우리는 '세계 시민 의식'이라고 불러.

이처럼 글로벌 시대를 살아가는 직업인은 다른 문화와 기술을 이해하는 능력 , 그리고 협력과 배려의 태도 를 바탕으로 국제 사회의 공동 과제를 함께 해결하는 일에 앞장서고 있어.

지구촌 시대에는 어떤 직업이 생길까?

요즘 우리나라도 '다문화 사회'로 변하고 있어. 서로 다른 문화적 배경의 사람들이 우리나라에 많이 들어와 같이 살아가고 있다는 뜻이지. 이들이 안전하고 즐겁게 살아가기 위해 언어를 가르쳐 주는 '한국어 강사'라는 직업이 주목받고 있어. 예전에는 쉽게 볼 수 없었지만, 지금은 전국 곳곳에 활발하게 활동하고 있는 직업이야. 글로벌 사회로 변하면서 생겨난 새로운 직업이야.

이처럼 글로벌 시대가 되면서 '직업'의 모습도 크게 달라지고 있어. 그럼 어떤 변화가 있을까?

가장 먼저 눈에 띄는 변화는 인터넷과 디지털 기술이 만들어 낸 직업이야. 쇼핑, 게임, 공부, 소통 등 모든 게 온라인에서 이루어지다 보니 유튜버, 게임 개발자, 앱 디자이너 같은 디지털 환경에서 일하는 직업이 늘어나고 있어. 이런 직업은 컴퓨터와 인터넷이 없다면 상상조차 하기 어려웠을 거야. 기술의 발전이 직업의 가능성을 넓히고 있는 셈이지.

또한 과거에는 대부분 자국에서만 일했지만 이제는 전 세계가 일터가 되었어. 인터넷 덕분에 국경을 넘는 협업이 쉬워졌고 영어, 중국어, 스페인어 같은 언어를 잘하는 사람은 마이크로소프트, 애플과 같은 글로벌 기업에서 일할 수 있어.

또 번역가나 국제 변호사처럼 다른 나라 사람들과 협력하는 직업도 있지. 이뿐만이 아니라, 직접 외국어 콘텐츠를 만들거나 해외에서 활동하며 우리나라의 노래나 음식을 세계에 알릴 수도 있어.

이와 더불어, 요즘은 지구를 지키는 직업도 점점 더 주목받고 있어. 기후 위기, 환경 오염, 자원 고갈 같은 문제가 커지면서 환경 전문가, 태양광 발전 기술자, 재활용 디자이너처럼 지속 가능한 미래를 위한 실천가가 꼭 필요해졌어. 자연을 생각하고 실천하는 직업은 앞으로 더 중요해질 거야.

마지막으로, 미래 기술을 만드는 직업도 인기를 끌고 있어. 인공 지능(AI), 로봇, 우주여행 같은 기술이 계속 발전하면서 관련 직업도 생겨나고 있지. 앞으로는 로봇을 관리하는 사람, 우주를 안내하는 관광 가이드, 인공 지능을 훈련하는 전문가 같은 완전히 새로운 일자리가 생겨날 거야. 지금은 낯설게 느껴질 수 있지만, 미래에는 익숙한 직업이 될지도 모르지.

결국 우리는 지금 기술의 진보, 사회의 다양성 그리고 환경과 감정의 균형이 모두 필요한 시대를 살아가고 있어. 직업은 단지 돈을 벌기 위한 수단이 아니라, 세상을 이해하고 연결하고 더 나은 방향으로 바꾸기 위한 도전의 이름이 된 거야.

깊이 생각해 보자! 상상력 퀘스트!

전 세계에는 상상하지도 못 할 정도로 다양한 직업이 있어. 대리운전은 우리나라에만 있는 직업이래. 그럼 반대로 다른 나라에는 있지만 우리나라에는 없는 직업이 뭐가 있을까?

인형 의사	미국	망가진 인형을 고치고, 팔다리를 교체하는 세심한 작업을 한다.

이십 년 후 나를 상상해 보자. 달과 화성을 비롯한 우주 곳곳으로 여행하며 '디지털 노마드'의 삶을 살고 있다면 어떤 모습일까?

20   년   월   일 (   )요일

원배 쌤의 꿈 공략집

여러분의 미래를 넓고 깊게 상상하면 좋겠어요. 그러려면 내가 어떤 사람으로 이 세상을 살아갈 것인가부터 생각해 봐야겠죠. 세상 사람에게 선한 영향력을 미치고 지구를 지키는 사람이 되고 싶을 수도 있겠죠. 우리는 세계 곳곳에서 벌어지는 사건을 동시에 볼 수 있고, 비행기만 타면 빠르게 어디든지 달려갈 수 있는 세상에서 살고 있어요. 여러분이 활약할 이십 년 후에는 우리나라뿐만 아니라 세계 곳곳과 우주 저 멀리까지 다니고, 할 일이 많을 거예요. 꿈과 상상력을 더 넓게 저 우주까지 확장해 보길 바랍니다!

고정욱 작가의 지혜 한 스푼

"세계는 넓고 할 일은 많다." 어느 기업 회장이 한 유명한 말이에요. 세상은 가깝게 연결되어 있어서 눈을 크게 뜨고 둘러보면 그만큼 새로운 기회가 많다는 뜻이지요. 그래서 나도 일찌감치 나의 작품을 해외에 번역해서 소개하고 싶었어요. 내 이야기를 재미있게 읽어 줄 어린이나 청소년이 전 세계 곳곳에 정말 많다고 믿었기 때문이지요. 지금은 제가 쓴 책들이 미국, 일본, 중국, 동남아 등에서 여러 나라 언어로 번역되어 각 나라의 어린이 독자들과 만나고 있어요. 이처럼 어느 분야에서든 시야를 넓고 글로벌하게 바라보면 그만큼 더 많은 기회와 만남이 생긴답니다!

Quiz

강아지를 좋아해서 매일 산책시키고 예쁜 옷을 직접 만들어 입혀 주는 사람이 있었어요. 어느 날, 주변 사람들이 "우리 강아지 옷도 만들어 줄 수 있나요?" 하고 부탁했지요. 그래서 이 사람은 강아지 옷 가게를 열게 되었답니다. 그렇다면, 이 사람의 '취미'는 어떤 '직업'으로 바뀌었을까요?

① 수의사
② 동물 훈련사
③ 강아지 산책러
④ 강아지 옷 디자이너

정답 ❹ 처음에는 취미였지만, 사람들이 점점 옷을 만들어 달라고 부탁하면서 이제는 가게까지 열고 이 일을 직업으로 삼게 되었지요.

떡볶이 좋아하다 직업이 됐대!

요즘은 집에서 텔레비전으로 영화를 볼 수 있어. 특히 OTT 플랫폼에서 영화는 물론 옛날 드라마나 애니메이션 등 다양한 콘텐츠를 시청할 수 있지. 대표적인 플랫폼인 넷플릭스의 창업자 리드 헤이스팅스(Wilmot Reed Hastings, Jr.)는 어려서부터 비디오테이프를 빌려 집에서 보는 것이 취미였다고 해. 영화를 자주 빌려 보던 그는 매번 비디오 대여점을 왔다 갔다 하고, 반납이 밀려 비싼 비디오 연체료를 내는 게 불편했대. 그래서 '언제 어디서나 쉽게 영화나 드라마를 볼 수 있는 서비스를 만들면 좋겠다.'는 생각으로 창업을 결심했대.

매월 구독료만 내면 마음껏 볼 수 있는 콘텐츠, 취향에 맞는 영상을 추천받을 수 있는 알고리즘이 세계적인 기업 '넷플릭스'의 성공 비결이야.

'취미'는 사전에서 '전문적으로 하는 것이 아니라 좋아서 즐겨 하는 일'이라고 정의하고 있어. 좋아서 하다 보면 전문가 수준으로 잘하게 되기도 하지만, 취미는 그냥 즐기는 것만으로도 충분해. 강요받지 않고 내가 하고 싶을 때 하고, 그만두고 싶으면 언제든지 멈출 수 있는 자유가 있다는 게 큰 장점이지.

취미는 우리 삶 속에서 활력을 주고 행복한 삶을 만들어 가는 청량제 역할을 해. 땀을 흠뻑 흘리고 시원한 이온 음료를 마시면 기분이 날아갈 듯이 상쾌하잖아. 취미도 삶 속에서 그런 느낌을 가져다줘.

취미에서 시작된 직업 이야기

많은 사람이 직업을 갖는 이유를 행복한 삶을 위해서라고 말하잖아? 평소 내가 좋아하는 걸 직업으로 삼으면 훨씬 재미있고 행복한 하루를 보낼 수 있겠지. 실제로 우리가 알고 있는 회사를 만든 사람들도 관심 있는 분야를 즐겁게 공부하면서 직업으로 이어 갔어.

'파타고니아'의 창업주 이본 취나드(Yvon Chouinard)는 평소에 즐기던 등산에서 사업 아이디어를 얻었어. 주한 미군으로 근무하던 그는 한국에 있는 산을 오르는 것이 유일한 취미였다고 해. 이후 취미를 살려 등산 장비 사업을 시작했고, 이를 등산 용품 브랜드로 확장해 세계적인 기업이 되었어.

'마켓컬리'를 창업한 김슬아 대표는 직장에서 맛집을 가장 많이 아는 사람으로 통했대. 누구보다 먹는 것에 진심인 회사원이었지. 그녀는 온라인으로 신선식품을 주문하면, 본인이 일하는 시간대에 음식이 배송돼서 신선도가 떨어지는 게 늘 아쉬웠대. 그래서 '사람들이 집에 있는 시간에 음식을 배송하자.'는 아이디어로 사업을 시작했대.

떡볶이를 유난히 좋아했던 김관훈 씨는 회사를 그만두고 떡볶이 관련 인터넷 카페를 오픈해 떡볶이 맛집을 탐방했다고 해. 그 외에도 떡볶이 축제를 제안하는 등 떡볶이 관련 활동에 적극적으로 참여했어. 이러한 경험을 바탕으로 떡볶이 무한 리필 뷔페 '두끼 떡볶이'를 성공적으로 창업하게 되었대.

이들처럼 좋아하는 취미를 살려 창업한 사례가 많이 있어. 하지만 좋아한다고 해서 무조건 성공하는 건 아니야. 취미를 직업으로 삼으려면 단순히 좋아하는 데 그치지 않고, 전문성을 키우고 사업가의 마음가짐을 갖추며 시장을 철저히 분석하고 도전해야 해.

그렇다면 취미 활동을 하려면 무엇이 가장 필요할까? 바로 여유 시간이야. 일이나 공부를 잠시 멈추고 쉴 수 있는 시간이 있어야 하지.

일이 없어서 한가하게 남는 시간을 '여가'라고 해. '여가 활동'이라는 말, 평소 많이 들어 봤을 거야. 여가 활동은 의무적으로 해야 하는 일이나 업무가 아닌, 한가하게 즐기는 여유로운 휴식이나 재미를 찾기 위한 취미 활동을 말해. 이런 활동은 일이나 공부의 효율을 높이고 일상에 더 큰 즐거움과 활력을 주지. 그리고 쇼핑이나 외식 등으로 개인의 소비를 늘려 경제 발전에도 도움이 돼. 어때? 여가 활동, 꽤 중요해 보이지?

여가 활동에는 어떤 활동이 있을까?	
문화 예술 관람	전시회 관람, 연주회 관람, 연극 관람, 무용 공연 관람, 영화 관람, 콘서트 관람 등
문화 예술 참여	독서 토론, 악기 연주, 노래 배우기, 사진 동호회, 발레 배우기 등

스포츠 활동	스포츠 경기 관람, 온라인 게임 관람, 스포츠 동호회 활동 등
관광 활동	문화유산 및 유적 탐방, 캠핑, 국내 여행, 해외 여행, 놀이공원, 지역 축제 참가 등
취미 오락 활동	수집 활동, 꽃꽂이, 요리, 반려동물 돌보기, 인테리어, 등산, 낚시, SNS 활동, 1인 미디어 제작, 보드게임, 바둑, 장기, 체스, 온라인 게임, 쇼핑, 독서, 미용, 자격증 공부, 외국어 공부, 화분 키우기 등
기타 사회 활동	사회봉사, 종교 활동, 동호회 모임 등

깊이 생각해 보자! 상상력 퀘스트!

취미는 사람마다 다양해. 우리 가족은 어떤 취미를 즐기고 있는지 조사해서 적어 보자.

이름	이 활동을 할 때 즐거워!	취미 활동을 하는 이유

취미도 직업이 될 수 있을까? 평소 즐기는 취미 활동을 적어 보고, 어떻게 직업으로 연결할 수 있을지 생각해 보자.

나는 쉬는 시간에 이런 걸 해!	
이걸 할 때의 내 기분은!	
이걸 직업으로 바꾼다면?	
내 취미가 직업이 되려면 어떤 실력을 키워야 할까?	
실력을 키우려면 어떤 걸 배워야 할까?	

원배 쌤의 꿈 공략집

우리 주변을 보면 즐기면서 일하는 사람들이 있어요. 이런 사람들은 어렸을 때부터 자신이 꾼 꿈과 관련된 일을 하고 있는 사람들이에요.

많은 학생이 꿈이 없어 공부할 의욕이 생기지 않는다고 해요. 하지만 꿈이라는 건 꼭 거창할 필요는 없어요. 일상 속에서 가볍게 즐기는 취미 활동이 여러분을 최고의 전문가로 만들어 줄 수도 있답니다. 그러니 여러분도 자신이 가장 즐기는 것이 무엇인지 한번 살펴보면 좋겠어요.

고정욱 작가의 지혜 한 스푼

독서는 어린 시절부터 내 취미였어요. 항상 손에 책을 들고 읽었지요. 만화책도 참 좋아했어요. 이런 취미를 가지다 보니까 중고등학생 때는 학교 신문에 글을 발표하기도 하고 만화도 그렸어요. 대학생 때는 다른 학생들과 함께 글을 모아 책으로 만들어 서로 나눠 갖기도 했지요.

글쓰기라는 취미를 가지다 보니 자연스럽게 작가가 되고 싶었어요. 제가 처음으로 쓴 책도 글쓰기에 관련된 것이었지요. 그러면서 계속 글을 쓰게 되었고, 지금은 우리나라에서 390여 권 이상의 책을 펴낸 작가가 되었어요. 나의 취미가 어느새 직업이 되어 아주 행복하답니다.

레벨 2
꿈에도 작전이 필요해

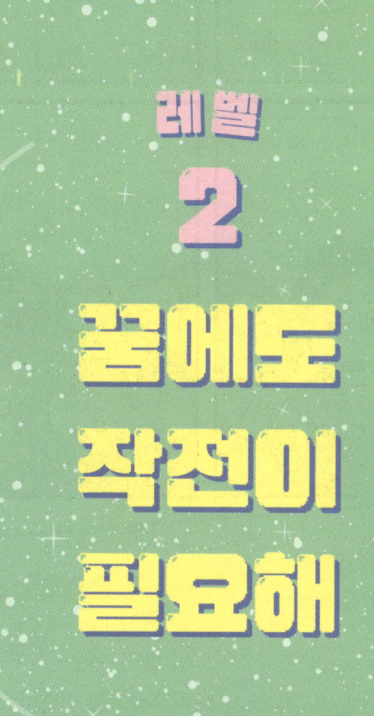

Quiz

구체적인 목표를 정하지 않은 막연한 꿈은 이루기 어려워. 다음 중 꿈을 구체화하는 가장 좋은 방법은 무엇일까?

1. 동네 모든 사람에게 내 꿈을 적은 종이 나눠 주기
2. 하늘에다 커다란 글씨로 "내 꿈은 ○○!" 쓰기
3. 꿈을 적은 플래카드를 들고 지구 한 바퀴 돌기
4. 일어나자마자 꿈을 이루기 위해 오늘 할 일을 노트에 적기

정답 ❹ 아침은 하루를 시작하는 에너지가 넘치는 시간이야. 큰 소리로 외치면 꿈이 더 명확해지고 의욕이 생겨. 나머지 방법은 재미있지만 조금 엉뚱하니까 상상으로만 해 봐.

꿈을 현실로 만드는 레시피

막연한 꿈은 이루기 힘들어. 꿈을 이루려면 구체적인 목표를 세워야 하지.

그럼 꿈을 구체화하는 가장 좋은 방법이 무엇일까? 바로 아침에 일어나자마자 큰 소리로 외치는 거야. 그대신 "우주 비행사가 되고 싶어."라고 큰 꿈만 이야기하는 게 아니라, "나는 외계인을 만나서 대화하는 최초의 우주 비행사가 될 거야."라고 내 모습을 구체적으로 상상하며 외치는 거야.

우스꽝스럽게 들리겠지만 이렇게 하고 나면 자신도 모르게 그 꿈을 이룰 수 있다는 자신감이 생기게 될 거야.

이와 관련된 재미있는 이야기를 말해 줄게. 선생님이 가르친 '지희'라는 친구의 이야기야.

어느 날 아침, 지희가 졸린 상태로 눈을 떴어. 최근 들어 방을 정리하거나 학교 갈 준비를 하는 게 너무 귀찮았어. 그러다 문득 어제 선생님이 한 말이 떠올랐지.

"평소보다 귀찮거나 게을러질 때는 어른이 되어서 무엇이 되고 싶은지 소리쳐라. 그러면 힘이 솟아날 것이다."

그래서 지희는 무거운 몸을 천천히 일으켜 거울 앞에 서서 심호흡하고 외쳤어.

"나는 세상에서 가장 훌륭한 수의사가 될 거야!"

서너 번 그렇게 외쳤더니 졸음이 싹 달아나면서 눈이 번쩍 떠졌어. 학교 갈 준비를 부지런히 끝내고도 시간이 남았지.

지희는 남은 시간 동안 언젠가 돌볼 귀여운 동물을 노트에 그렸어. 이렇게 아침마다 쌓은 작은 행동이 수의사라는 꿈을 점점 명확하게 만들어 갔어.

혹시 아직 어떤 꿈을 가져야 할지 모르겠다면, 미래에 어떤 일을 하고 싶은지 생각해 보고 아침마다 외쳐 봐. 아마도 매일매일 힘차게 시작할 힘이 생겨날거야.

꿈을 구체화하는 다섯 단계

꿈은 내가 진심으로 원하고 노력해야만 이룰 수 있어. 스스로를 믿고 구체적인 방안을 세워 실행에 옮겨야 해. 그럼 어떻게 해야 꿈을 구체화할 수 있을까?

1단계는 목표를 크게 적어 책상 앞에 붙이고, 그 목표를 이루는 모습을 상상해 봐. 작가가 꿈이라면 좋아하는 책 표지를 벽에 붙이고 옆에 '천만 부 베스트셀러 작가'라고 적는 거야. 그리고 작가로서 독자와 소통하는 모습 혹은 글을 쓰는 삶을 자세하게 그려 보자. 이때 내가 어떤 분야의 작가가 되고 싶고, 어떤 글을 쓰고 싶은 지 생각해 보면 좋아.

2단계는 꿈을 이루기 위해 할 수 있는 일을 작게 나눠 보자. 작가가 되기 위해서는 매일 책을 읽고 글 쓰는 습관을 만들어야겠지? 또 중고등학교 때 어떤 동아리 활동을 할지도 미리 계획을 세워 두는 게 좋을 거야. 대학교에서 배워야 할 전공과목은 무엇인지 살펴보고 작가로서 어떻게 활동할지 조사해서 로드맵을 그려 보자.

3단계는 꿈을 이루기 위해 배워야 할 기술과 내용을 정리해 보는 거야. 작가에게 필요한 기술이 뭘까? 글 쓰는 능력과 재미있는 스토리를 만드는 상상력이겠지. 그 능력을 키우려면 필요한 것이 뭐가 있을지 정리해 보는 거야.

==4단계는 나의 롤 모델을 찾고 배우는 거야.== 작가가 꿈이라면, 책을 읽으며 닮고 싶은 작가를 롤 모델로 정하는 거지. 그 작가가 쓴 책을 읽고 감상문을 쓰거나 따라 써 보는 연습을 하면서 글쓰기 능력을 키울 수 있어.

==5단계는 포기하지 않고 끝까지 도전할 끈기를 가지는 거야.== 원하는 직업을 가지려면 부단한 노력이 필요해. 중간에 힘들어도 꾸준히 나아가는 끈기도 중요하지. 선생님이 수업하다 보면, 중학생이 되면서 꿈이 사라진 학생이 많아. 공부하면서 '내가 이 직업을 가질 수 있을까?'라는 생각에 자신감을 잃기 때문이야. 그렇기에 '할 수 있다!'는 생각으로 끝까지 도전하는 마음가짐이 중요해.

꿈을 이룬 사람들의 공통점

우리 주변에 꿈을 이룬 사람들은 어떤 공통점이 있는지 같이 살펴보자.

첫째, 남들과 다른 시각을 갖는 거야. 꿈을 이루는 사람들은 세상을 다르게 봐. 세상에서 벌어지는 흔한 상황을 지나치지 않고, 새로운 가능성을 발견해서 개선 방법을 찾으려고 하지.

우리가 흔히 사용하는 포스트잇이 대표적인 예야. 포스트잇은 '3M'이라는 회사에서 처음 개발한 사무용품이야. 이 제품은 1968년 미국의 과학자 스펜서 실버(Spencer Ferguson Silver III)가 초강력 접착제를 개발하다가 실패하면서 만들어졌다고 해. 강력한 접착제와는 달리, 쉽게 붙였다 떨어지는 새로운 접착제를 발견해 지금의 포스트잇으로 발전한 거야. 자칫하면 버려질 수도 있었지만 관심을 가지고 다르게 바라봤기 때문에, 우리가 메모할 때마다 유용하게 사용하는 포스트잇을 개발할 수 있었지.

둘째, 자신에게 믿음을 갖는 거야. "난 할 수 있어!"라고 말하고 힘들어도 계속 나아갈 수 있는 에너지를 스스로에게 주어야 해. 자신감이 넘치는 친구들을 보면 자신이 궁금하거나 관심 있는 것을 꾸준히 탐구하면서 학교생활을 하는 것을 볼 수 있을 거야. '할 수 있다.'는 자신감이 꿈을 이루는 출발점이라고 할 수 있어.

셋째는 끈기와 성실함이야. 길거리를 지나다가 개미들이 자기 몸보다 엄청 큰 먹이를 들고 줄지어 가는 것을 봤을 거야. 크고 무거워도 먹이가 떨어져도 개미는 포기하지 않고 끝까지 집으로 가지고 들어가지. 이처럼 끈기는 실패하더라도 포기하지 않고 계속해서 시도하는 힘을 말해. 성실은 거짓 없이 자신이 많은 일을 끝까지 해내는 자세를 말해. 이 두 가지는 꿈을 향해 나아갈 수 있도록 돕는 강력한 엔진이야.

넷째는 호기심이야. 비가 많이 온 뒤에 태양이 구름 속에서 나타나면 저 멀리 산 위로 무지개가 나타나는 것을 본 적 있어? 무지개를 보면 대부분 아름답다면서 환호성을 지르지만, 누군가는 '왜 비 온 뒤에 무지개가 생기지?' 하고 호기심을 갖고 궁금해할 거야. 이런 호기심은 이전에 생각하지 못했던 것을 만들어 내기도 하고 새로운 아이디어를 발견하는 데 도움이 되기도 해.

마지막으로는 돈보다 꿈을 더 소중하게 여기는 거야. 돈으로 장난감, 사탕, 심지어 멋진 로봇도 살 수 있지만 행복은 살 수 없어. 행복은 자신이 좋아하는 일을 하면서 살아갈 때 따라오거든. 살아가면서 소중한 가치가 무엇인지를 스스로 생각해 보고, 그 가치를 가슴에 품고 사는 거야.

이 다섯 가지 열쇠는 목표를 달성하도록 돕는 초능력과 같다고 볼 수 있어. 누군가는 다르게 바라보는 힘으로 새로운 길을 발견하고, 또 누군가는 '나는 할 수 있어.'라는 믿음으로 두려움을 이겨 낼 수 있지. 끈기와 성실함은 넘어져도 다시 일어나는 힘을 주고, 호기심은 늘 새롭게 질문하며 세상의 비밀을 하나씩 밝혀내기도 해. 그리고 꿈을 소중히 여기는 마음은 우리의 미래를 행복한 세상으로 이끌어 줄 거야. 이 초능력은 따로 떨어져 있을 때보다 서로 힘을 합칠 때 더 큰 에너지를 만들어 줄 거야.

깊이 생각해 보자! 상상력 퀘스트!

꿈은 구체적으로 꾸어야 해. 아래 질문을 보면서 나의 꿈을 더 자세하게 생각해 봐.

어떤 꿈을 상상하고 있어? 아래에 한 문장으로 적어 봐.

(예) 나는 맛있게 사람들이 먹을 수 있는 훌륭한 요리사가 되고 싶어!

꿈을 이루었을 때 내 기분과 모습은 어떨까? 상상해서 그림을 그려 보자.

원배 쌤의 꿈 공략집

나 자신을 제대로 알고 있어야 꿈을 찾는 과정이 순조로워요. 흘러가는 대로 살기보다는 호기심을 갖고 세상을 바라보며, 궁금한 것은 질문하고, 스스로 탐색하면서 꿈을 만들어 가세요. 선생님은 항상 메모장을 들고 다녀요. 주변에서 일어나는 일을 적으며 꿈을 만드는 중이지요. 하루하루 자신이 적은 메모가 모여 미래에 꿈으로 연결될 거예요.

고정욱 작가의 지혜 한 스푼

대학 시절 나는 학교 신문에 만화와 만평을 그렸어요. 한때 만화가가 되면 어떨까 생각한 적도 있지요. 그러다 보니 매주 새로운 만화를 그려야 하는데 아이디어를 얻는 게 결코 쉽지 않았어요. 그때부터 신문이나 잡지에 실리는 만화나 만평, 그리고 각종 사진 등 꿈에 도움이 될 만한 것을 다 가위로 오려서 스크랩했어요.

얼마 지나지 않아 두툼한 스크랩북이 몇 권이나 되었어요. 그 책을 들춰 보면 아이디어가 마구 떠오르고, 실력은 점점 향상되었어요.

꿈은 막연히 마음속에만 품어서는 안 돼요. 직접 작게라도 구체화해야 해요. 당장 실천하고 시작하는 게 꿈에 다가가는 길이에요.

Quiz

그리스 로마 신화에도 멘토가 나와. 멘토는 한 사람이 성장하는 데 중요한 역할을 하지. 다음 중 멘토에게 다가가는 방법으로 알맞은 것은 무엇일까?

① 멘토의 모든 SNS를 매일같이 탐험한다.
② 멘토의 집 앞에서 24시간 기다리며 인사한다.
③ "저를 멘티로 삼아 주세요!"라고 만나는 모든 사람에게 외친다.
④ 멘토에게 자기를 소개하고 "저랑 잠깐 이야기해 주실 수 있나요?"라고 묻는다.

정답 ④ 차나 음료를 마시며 이야기를 나누면 자연스럽게 멘토와 친해질 수 있어. 왜냐하면 긴장이 풀려서 마음이 열리거든. 다른 보기는 조금 무서울 수도 있으니 조심해.

코치처럼 이끌고, 화가처럼 보여 주는 멘토

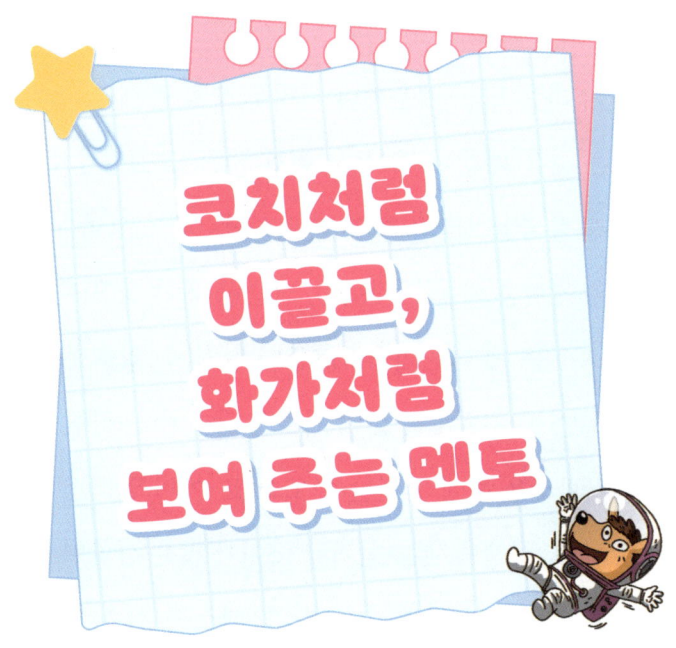

　초등학생 때 선생님이 살던 마을에 있는 작은 개울로 친구들과 처음으로 수영하러 갔어. 친구들은 개구리처럼 잘도 헤엄치는데 선생님은 수영을 배운 적이 없어서 주춤했어. 그래도 개울까지 왔는데 시도라도 해 보려고 발을 물속으로 서서히 넣었어. 그런데 갑자기 누군가가 바닥에서 내 발을 끌어당기는 거야. 선생님은 놀라서 발을 휙 빼고 물 밖으로 나왔지. 그 이후로 계속 수영을 하지 못하고 있어. '처음부터 누군가에게 체계적으로 배웠다면 좋았을걸.' 하는 아쉬움이 많이 남아.

너도 새로운 것을 배우는 데 도움이 필요했던 적이 있을 거야. 자전거 타는 법을 배우거나 어려운 수학 문제를 풀거나 수영을 처음 배울 때같이 말이야. ==이처럼 배우고 성장할 수 있도록 옆에서 도움을 주는 사람을 '멘토'라고 불러.== 멘토는 스포츠에서 코치 같은 역할을 하는 사람이야. 단순히 해야 할 일을 기계적으로 알려 주는 게 아니라, 어떻게 더 잘할 수 있을지 보여 주지. 공부뿐만 아니라 모든 삶의 기술을 알려 주는 사람이야.

멘토는 새로운 곳에서 만날 수도 있고, 이미 알고 있는 사람일 수도 있어. 선생님, 부모님처럼 나이가 많은 사람일 수도 있고 가까운 선배나 친구일 수도 있지. 때로는 스포츠 팀, 동아리, 특별 프로그램과 같은 활동을 통해 멘토를 만날 수도 있을 거야.

좋은 멘토는 상대방의 질문을 잘 들어 주고, 답을 찾도록 도와주며, 꿈이 현실이 되도록 방향성을 알려 줘.

스마트폰 하면 누가 떠올라? 대부분 애플의 창립자 스티브 잡스(Steven Paul Jobs)가 떠오를 거야. 페이스북 하면 창립자 마크 저커버그(Mark Elliot Zuckerberg)가 떠오르겠지. 이 둘은 페이스북을 어떻게 관리하고 발전시킬지 논의하기 위해 자주 만나 공원 주변을 산책했다고 해. 2011년 스티브 잡스가 사망하자 마크 저커버그는 이렇게 추모했어.

"스티브, 멘토이자 친구가 되어 줘서 고마워요. 당신이 만든 것이 세상을 바꿀 수 있다는 것을 보여줘 감사해요. 당신이 그리울 겁니다."

IT 분야에서 성공한 기업가 두 명은 서로의 멘토이자 멘티로서 옆을 지키며 성공의 길을 함께 걸어간 거야.

세계적인 화가 빈센트 반 고흐(Vincent Willem van Gogh)도 멘토가 있었어. 고흐는 처음 그림을 그렸을 때 가장 존경했던 사람이 장 프랑수아 밀레(JeanFrançois Millet)였다고 해. 밀레는 농촌의 모습을 위주로 그림을 그렸는데 〈만종〉, 〈이삭 줍는 여인들〉, 〈씨 뿌리는 사람〉이라는 명작을 남긴 화가야. 고흐는 밀레의 작품을 끊임없이 따라 그리면서, 자신만의 독특한 표현을 개발하고 더 과감하게 독창적인 작품으로 재창조했어. 존경하는 멘토인 밀레의 길을 따라가면서도 본인만의 미술 세계를 구축한 거야.

꿈을 함께할 멘토를 만나려면?

평소 존경하는 멘토가 있으면 세상을 살아가고 성장하는 데 엄청 도움이 되지. 멘토는 우리가 거쳐야 할 많은 난관을 이미 경험했기에, 목표를 이루는 과정에서 방향을 잡고 판단력을 키울 수 있도록 도와줄 거야. 그럼 나에게 맞는 멘토를 어떻게 찾을 수 있을까?

첫 번째, 멘토가 무엇을 해 주면 좋겠는지 생각해 보자. 관심 분야, 주제, 하고 싶은 일 등과 관련해서 질문을 만들고 스스로 대답해 보는 거야. 멘토에게 배우고 싶은 것이 무엇인지, 어떤 부분을 닮고 싶은지, 어디서 자주 만나고 싶은지 등에 대해 생각해 보는 거지.

두 번째, 내가 정한 꿈과 같은 길을 걸어가고 있는 사람을 찾아 보자. 꿈과 가까워지려면 목표로 삼은 직업에 대해 자세히 알려 주고, 그 일이 실제로 어떻게 이루어지는지 이야기해 줄 수 있는 사람이 필요해. 그런 멘토를 만나기 위해서는 스스로 계속 찾아보고 노력해야 해.

세 번째, 내가 어떤 가르침을 원하는지 자세히 말해 보는 거야. "멘토가 되어 주세요."라고 막연하게 이야기하기보다는 "제가 모르는 이 부분을 가르쳐 주세요."라고 구체적으로 말하는 거야. 그러지 않으면 상대방은 내 마음을 알 수가 없어. 구체적으로 자신의 상황을 설명하고 어떤 것이 필요한지 정확하게 이야기할 수 있어야 해.

네 번째, 항상 고마워하는 마음을 가지고 있어야 해. 도움을 받으면 항상 "도와주셔서 고맙습니다."라고 정확하게 표현하는 게 기본 예의야. 예의를 잘 지키고 항상 고마운 마음으로 멘토를 대해야 하지.

다섯 번째, 책 속에서 멘토를 찾아보는 방법도 있어. 빌 게이츠는 "오늘의 나를 있게 한 것은 우리 마을 도서관이었다. 하버드 졸업장보다 소중한 것이 책을 읽는 습관이다."라고 말했어. 도서관에 가득한 책에서 발견한 구절과 인물도 나에게 도움을 주는 멘토가 될 수 있어.

도움을 줄 멘토는 가까운 곳에서 찾는 게 좋아. 내가 사는 곳과 너무 멀리 있으면 자주 만나기가 힘들거든. 그래서 내 주변에 좋은 멘토가 있는지 잘 살펴보는 게 중요해.

또한 한 번 만난 멘토가 평생 멘토가 되는 건 아니야. 살면서 내 목표나 하고 싶은 일이 달라질 수도 있으니까. 그래서 내 상황에 맞게 새로운 멘토를 찾을 수도 있어.

앞의 내용을 머릿속에 기억하고 꿈을 이루는 데 도움이 될 멋진 멘토를 꼭 찾아보길 바라!

멘토는 멀리 있기보다는 우리 주변에 가까운 사람일 수도 있어. 주변에 생각 나는 멘토 후보를 적어 보자.

내가 멋있다고 생각하는 어른	
내가 궁금한 걸 잘 아는 사람	
내가 편하게 대화할 수 있는 사람	

멘토가 생긴다면 어떤 걸 묻고 싶어? 평소 궁금해하던 질문을 세 개만 적어 보자.

1.

2.

3.

원배 쌤의 꿈 공략집

꿈을 이루려면 가장 먼저 내가 무엇을 하고 싶은지 또렷하게 정해야 해요. 그리고 그 꿈을 위해 차근차근 계획을 세워야 하지요. 그 과정에서 무엇보다 중요한 것은 뚜렷한 목표, 상황에 맞게 계획을 바꿀 줄 아는 유연성, 실패해도 다시 도전하는 마음, 계속해서 행동하는 습관, 나를 도와줄 친구나 어른을 찾는 것 그리고 스스로를 돌아보고 개선하는 태도예요.

앞의 과정을 미리 겪은 멘토를 만난다면 큰 행운이죠. 여러분과 가까운 곳에도 도와줄 멘토가 많이 있을 거예요. 도서관에 있는 수많은 책 속에도 여러분의 꿈을 응원하고 방향성을 제시해 줄 멘토가 많이 있을 거예요. 그럼 이제 고민을 해결해 줄 멘토를 찾아볼까요?

💡 고정욱 작가의 지혜 한 스푼

가끔 학생들에게 이메일이 옵니다. 대부분 학교에서 멘토를 찾아 인터뷰하라는 과제를 받아서예요. 작가라는 직업에 관해 묻는 내용이죠.

하지만 간혹 너무 예의 없이 다짜고짜 이렇게 말하는 친구도 있어요.

"멘토링 과제가 급하니까 내일까지 대답을 써서 보내 주세요."

본인이 누군지, 어느 학교를 다니는지도 밝히지 않고 말이죠. 나는 이런 요청에는 절대 답해 주지 않아요. 멘토에게 도움을 받으려면 먼저 예의를 갖추는 게 중요하다는 걸 잊지 말아요.

Quiz

아무리 노력해도 되돌릴 수 없는 게 시간이야. 이렇게 귀한 시간을 어떻게 관리해야 할까?

❶ 하루 일정을 포스트잇에 붙여 놓고 자주 본다.
❷ 매일 일어날 때 닭에게 "몇 시냐?"라고 물어본다.
❸ 밤 12시에 자기 전에 오늘은 왜 이렇게 짧았나 생각한다.
❹ 모래시계를 들고 다니며 얼마나 흘렀는지 확인한다.

정답 ❶ 항해하려면 지도가 필요해. 하루 일정을 지도처럼 적어 두면 시간 관리의 첫걸음을 뗄 수 있어. 메모만 잘해도 시간을 알뜰하게 쓸 수 있을 거야.

시간은 다이아몬드라고!

어느 날 아침, 잠에서 깨어났는데 책상 위에 24만원이 놓여 있어. '우아, 이게 웬 행운이야! 대박인데!'라고 생각하며 좋아했지. 더 놀랍게도 다음 날, 그다음 날도 매일 아침 똑같은 액수의 용돈이 생겼어. 매일 아침에 일어나면 즐거웠지.

그런데 이상한 일이 일어났어. 이 돈이 밤 12시가 되면 흔적도 없이 사라지는 거야. 저금도 안 되고 친구에게 빌려줄 수도 없고 기부할 수도 없어. 내가 직접 써야만 하는 거야. 안 쓰면 그냥 먼지가 돼서 없어져 버렸어. 너무 아깝지?

어떻게 하면 이 돈을 알차게 쓸 수 있을까 고민했어. 매 시간마다 1만 원씩 나누어 사용해야 할까? 아니면 꼭 필요한 일에 먼저 쓸까?

이 돈은 바로 우리가 살아가는 하루 24시간을 의미해. 우리가 사는 하루, 그 시간이야말로 가장 소중한 보물이야. 그냥 흘려보내면 모두 사라지게 되지. 시간도 돈처럼 계획을 잘 세워서, 나에게 정말 필요한 데에 써야 해. 그런 것을 바로 '시간 관리'라고 하지.

시간을 똑똑하게 쓰는 방법

미래에 이루고 싶은 꿈이 있는 사람에게는 시간 관리가 중요해. 시간을 허투루 날려 버리지 않고 잘 활용하면 이전보다 훨씬 더 많은 일을 할 수 있고, 미래에 하고 싶은 일이나 진로 목표에 한발 더 가까이 갈 수 있기 때문이야. 그러니 지금부터 시간 관리 계획을 세워야 겠지? 우리 같이 한번 해 볼까?

첫째, 목표를 정해야 해. 방학이 되면 제일 먼저 하는 일이 뭐야? 아마 생활 계획표를 짜는 걸 거야. 일과를 빼곡하게, 해 보고 싶은 것들을 거창하게 적지만 그 계획이 제대로 지켜지지 않을 때가 많았을 거야.

선생님도 초등학교생 때 방학 생활 계획표를 세웠지만 한 번도 지킨 적이 없었던 것 같아. 지금 그 이유를 생각해 보면, 계획표에 적은 일을 해야 하는 이유가 명확하지 않았고, 너무 무리하게 많은 일을 계획했기 때문인 것 같아.

그렇기에 계획을 세우기 전에 먼저 할 일이 있어. 바로 목표가 무엇인지를 확실하게 정하는 거야. 숫자로 나타낼 수 있는 구체적인 목표를 정하고, 그 목표를 얼마만큼 달성했는지 평가하고 스스로 확인할 수 있어야 해. 목표를 세울 때는 절대로 내가 할 수 있는 범위를 넘어서는 안 돼. 다른 사람과 비교하지 말고 내가 할 수 있는 분량으로 계획을 세워야 성공할 확률이 높겠지?

둘째, 해야 할 일을 적어 보자. 목표를 달성하기 위해 하루 단위나 일주일 단위로 할 일을 적는 거지. 배운 과목 20분 복습, 잠들기 전 10분 독서, 친구와 놀이터에서 20분 놀기, 휴대폰 게임 30분 등 요일별로 하루 계획을 분 단위로 자세하게 적는 거야.

셋째, 우선순위를 정하자. 중요하고 빠르게 처리할 일을 가장 먼저 해야 하고, 중요하지도 않고 긴급하지도 않은 일은 나중에 처리해야겠지? 그런데 많은 사람은 스마트폰 게임, 숏폼 보기와 같은 급하지도 중요하지도 않은 일을 우선순위에 두고 있어. 이런 유혹에 주의해서 우선순위를 지키려는 마음을 가져야 해.

마지막으로, 실천하면서 점검해 보자. 계획보다 실천이 훨씬 중요해. 내가 실천한 일을 월별, 분기별, 연별로 되돌아보고 고칠 점이 있는지 스스로 찾아보자. 시기별 중요한 일의 목록을 적고 표시해 두는 방법도 좋을 것 같아.

선생님이 설명한 방법으로 시간을 관리하면, 앞으로 더 많은 일을 효율적으로 할 수 있을 거야.

자투리 시간을 효율적으로 활용하자

시간 관리를 철저하게 했는데도 시간이 부족할 수 있어. 할 일이 넘쳐 나는데, 시간은 딱 정해져 있으니까. 그럴 때는 '자투리 시간'을 이용해 보자.

'자투리'는 옷을 만들기 위해 자로 천을 재단한 후 남은 천 조각을 뜻해. '자투리 시간'은 일이나 공부하는 시간 혹은 먹고 생활하기 위한 필수적인 시간을 제외한 남는 시간을 의미해.

하루 중 자투리 시간이 언제 얼마나 생기는지 파악하고, 효율적으로 활용할 수 있는 방법을 찾아보는 것도 시간을 관리하는 방법이지. 자투리 시간을 효율적으로 활용하는 네 가지

전략을 알려 줄게.

첫째, 하루 동안 나의 자투리 시간을 알아보고 계획을 세우는 거야. 자투리 시간을 활용하기 전, 자투리 시간을 확보하는 것이 중요하겠지? 등교 시간, 자율 학습 시간, 쉬는 시간, 점심 시간, 잠들기 전 시간 등 자투리 시간을 재고 어떻게 사용할지 계획을 세워 보자.

둘째, 10분, 20분을 무시하지 마. 평소 흘려보낸 10분, 20분은 짧아 보여도 모으면 3시간이나 된다고 해. 이 시간을 효과적으로 활용한다면, 더 많은 공부도 할 수 있고 책도 읽을 수 있고 좋아하는 취미 활동도 할 수 있겠지?

셋째, 두뇌 피로를 풀어 주는 운동을 틈틈이 하자. 자투리 시간에 공부나 독서만 하기보다는 쉴 수 있는 활동을 해 주는 것이 좋아. 주기적으로 명상, 운동, 산책 등을 하면서 뇌와 몸의 긴장을 풀어 준다면 해야 할 일에 더 집중할 수 있을 거야.

마지막으로, 해야 할 일은 낮에 끝내고 밤에는 잠을 푹 자는 거야. 매일 두세 시간씩 잠을 줄여 가면서 하는 공부는 성적을 올리는 데 별로 도움이 되지 않아. 자투리 시간을 활용해서 낮에 공부를 끝내고 밤에는 잠을 푹 자는 것이 더욱 큰 효과를 얻을 수 있다는 거, 잊지 마!

시간 관리 열쇠, 방해 요소를 잡아라

학교 숙제를 하려고 책상에 앉았는데, 갑자기 휴대폰 문자 알림이 울리면 어때? 혹은 학원에 가려는데 텔레비전에서 좋아하는 가수가 나오면? 아마 하려던 일을 잊고, 휴대폰이나 텔레비전을 보았을 거야. 이처럼 어떤 일을 하려는데 그 일을 방해하는 것이 있어. 갑자기 툭 튀어나와서는 우리의 소중한 시간을 슬쩍 잡아먹지.

방해 요소는 우리가 계획한 일을 제대로 하지 못하게 만들고, 결국 주어진 시간을 낭비하게 만들어. 그렇기에 초등학생 때부터 이 요소를 멀리하는 습관을 들이면 누구보다 시간을 효율적으로 관리할 수 있을 거야. 그럼 지금부터 방해 요소를 미리 방지하는 방법을 알려 줄게.

첫째, 숙제나 책을 읽을 때 휴대폰은 알림을 끄고 멀리 두자. 화면을 완전히 종료했더라도 습관적으로 휴대폰을 보게 되는 경우가 많아. 그러므로 거실, 다른 방 등 아예 손 닿지 않는 곳에 두는 것이 매우 효과적이지. 친구가 보낸 메시지는 숙제를 끝내고 천천히 봐도 늦지 않는다고.

둘째, TV가 있는 곳보다는 주변에 전자 기기가 없는 조용한 공간에서 공부하는 것이 좋아. 그래도 너무 시끄럽다면 주위 사람들에게 "지금 공부 중인데, 조금만 조용히 해 주면 안 돼?" 하고 부탁해 보는 건 어떨까?

셋째, 공부를 시작하기 전에 책상을 깔끔하게 정리하자. 쓰지 않는 색연필, 장난감, 먹다 남은 간식은 모두 치우고 필요한 것만 책상 위에 올려 두면 훨씬 집중이 잘될 거야. 하지만 책상 정리에 너무 많은 시간을 쏟지 않도록 평소에도 틈틈이 정리정돈을 하는 것이 좋겠지? 공부 전 정리정돈은 10분 이내로 하는 것이 좋아.

넷째, 공부하기 전에 배고프거나 졸리다면 간단히 간식을 먹거나 10분 정도 스트레칭을 해 보자. 건강한 몸이 공부하는 데 집중력을 높여 주거든.

하루 24시간을 효율적으로 활용하는 것은 어렵지만, 앞에서 말한 습관을 잘 들이면 충분히 잘할 수 있을 거야. 시간은 다이아몬드처럼 소중한 거야. 그 시간을 방해 요소에게 빼앗기지 말고 오늘부터 똑똑하게 사용해 보자.

깊이 생각해 보자! 상상력 퀘스트!

시간표는 나의 하루를 빛나게 해 주는 보물 지도야. 나만의 하루 계획표를 만들어 보자.

아침 (등교전)	
오전 (09:00~12:00)	
점심 (12:00~13:00)	
오후 (13:00~16:00)	
저녁 (16:00~20:00)	
밤 (20:00~)	

내가 1시간 동안 할 수 있는 일을 중요한 순서대로 적어 보자.

1	
2	
3	
4	

원배 쌤의 꿈 공략집

시간 관리는 우리의 꿈과도 연결되어 있어요. 하루를 어떻게 보내는지에 따라 어떤 사람이 될지, 목표를 이루어갈 수 있을지 짐작할 수 있지요. 꿈을 이루기 위해서는 하루하루를 잘 활용하는 게 정말 중요해요.

좋아하는 일과는 반대로, 싫어하지만 꼭 해야 하는 일이 있죠. 이런 일을 매일매일 꾸준하게 실천해 보세요. 작은 노력이 매일 쌓이다 보면 여러분의 꿈이 현실이 되어 찾아올 거예요. 여러분이 꿈꾸는 멋진 미래는 지금 이 순간, 여러분이 만드는 하루하루에 달려 있어요. 시간의 주인공은 바로 여러분이라는 것을 잊지 말아요.

고정욱 작가의 지혜 한 스푼

중학교 때 일이에요. 우리 반에 나보다 공부를 더 잘하는 아이가 있었어요. 내가 아무리 머리를 싸매고 공부해도 그 친구를 이길 수가 없었어요. 그런데 어느 날 아침, 등교하다 비밀을 알게 되었어요. 그 친구는 등교하면서도 한 손에 참고서를 들고 읽으면서 오는 거예요. 한마디로 시간 낭비가 없는 거였죠. 그 모습을 본 나는 큰 충격을 받았어요.

누구에게나 시간은 하루 24시간이 주어져요. 그 시간을 낭비하면, 아껴 쓰는 사람을 절대 이길 수가 없는 거죠. 꿈을 이루는 시간도 더 걸리게 될 거예요. 그러니 시간은 금이라는 사실을 명심하세요.

Quiz

화분에 긍정적인 말을 해 주면 꽃이 예쁘게 핀대. 나의 성장에 도움을 주는 긍정적인 사고를 유지하려면 어떻게 해야 할까?

❶ 아침마다 무지개를 찾아 다닌다.
❷ 매일 거울을 보며 "난 뭐든지 될 수 있어!"라고 말한다.
❸ 절대로 고민을 말하지 않고 혼자 끙끙 앓는다.
❹ 새에게 내 고민을 털어놓고 답을 기다린다.

정답 ❷ 자신을 긍정적으로 바라보는 마음도 습관이 필요해. 거울 속 스스로에게 칭찬을 건네면 기분도 좋아지고 자신감도 생겨.

성장 마인드 셋, 숨겨진 치트키

 아침에 일어났을 때 거울 앞에 서 본 적 있어? 거울 속에 비친 자신의 모습을 보면서 뭐라고 생각했어? '아, 오늘 머리 엉망이네.' 하고 생각했거나 '내 얼굴 좀 이상해 보여.' 하고 생각한 적 있어? 그렇다면 오늘은 거울 속의 나에게 이렇게 말해 보면 어떨까?

 "와, 넌 오늘 정말 멋져 보인다!"

 "너는 오늘도 멋지게 하루를 보낼 거야!"

 우리가 의도적으로 긍정적인 생각을 하고 웃는 표정을 지으면, 몸과 마음이 더 행복해지고 힘이 나. 그래서 자신을 믿고 밝게 생각하는 연습이 매우 중요해.

이렇게 매일 좋은 말을 하면 내 안에 숨겨진 보물 같은 힘을 찾을 수 있을 거야. 숨겨진 힘을 찾기 위해서는 내가 가진 능력을 스스로 믿는 것이 중요해.

나의 능력이나 상황을 대하는 태도를 전문 용어로 '마인드 셋'이라고 불러. 마인드 셋에는 '고정 마인드 셋'과 '성장 마인드 셋', 두 가지가 있어.

고정 마인드 셋은 "나는 이걸 잘 할 수 없어.", "나는 그림에는 절대로 소질이 없나 봐."와 같이 자신의 능력을 의심하는 태도야.

이와 달리, ==성장 마인드 셋은 자신의 능력을 의심하지 않고 점점 성장할 것이라고 믿는 마음이야.==

"하모니카를 잘 불지는 못하지만, 꾸준하게 연습하면 멋지게 연주할 수 있어."

"책이 무슨 내용인지 모르겠지만, 계속 반복해서 읽다 보면 이해할 수 있을 거야."

이런 마음으로 자기 자신을 믿고 열심히 노력하면, 새로운 것을 배우며 성장할 수 있어. 처음에는 어렵고 실수할 수 있지만, 마음을 가다듬고 다시 도전하면 점점 강해질 거야.

긍정적인 생각을 키우는 마음 습관

성장 마인드 셋을 갖추려면 어떻게 해야 할까? 가장 먼저 세상을 바라볼 때 긍정적인 마음가짐을 가지고 자신을 신뢰할 줄 알아야겠지?

너는 언제 행복하다고 느껴? 어떤 사람은 친구와 좋은 시간을 보내면서 행복을 느끼고, 어떤 사람은 공부나 운동에서 목표를 달성하거나 성취감을 느끼면 행복하다고 해. 또 어떤 사람은 건강하게 지내거나 원하는 것을 가질 때 행복을 느끼기도 해.

행복과 성공의 기준은 사람마다 다르지만, 행복해지려면 일상에서 긍정적인 생각을 키우고 지켜 나가는 게 중요해. 긍정적인 생각이 행복한 삶을 만들어 가는 내면의 힘이 되기 때문이지. 그럼 긍정적인 마음을 키우는 방법을 함께 알아볼까?

첫 번째, 작은 일에도 감사한 마음을 갖자. 오늘 있었던 좋은 일을 떠올려 볼까? 좋아하는 음식을 먹은 일, 친구와 놀았던 시간 또는 화창한 파란 하늘을 바라본 일 등등. 감사한 일을 생각하면 마음이 더 풍만해질 거야.

두 번째, 스스로에게 친절하게 말하자. 운동장에서 응원을 이끌어 가는 응원단장처럼 나 자신의 응원단장이 되어 보는 거야. "나는 못 해." 대신 "최선을 다해 볼게."라고 말해 보자. 스스로에게 긍정적인 말을 하면 마음이 더 강해져서 원하는 일에 도전하고 싶을 거야.

세 번째, 밝은 표정을 짓자. 노력에 비해 결과가 마음에 들지 않을 때 좌절하기보다는 '여기서 무엇을 배울 수 있을까?'라고 생각하는 거지. 게임에서 져도 '다음에는 더 연습해서 다시 도전해야지.'라고 생각하면 훨씬 게임이 재밌을 거야. 어려운 상황도 다른 관점으로 바라보며 밝은 표정을 잃지 말자.

네 번째, 긍정적인 사람들과 함께하자. 자신을 응원하는 사람들과 시간을 함께 보내는 거야. 웃으며 도와주는 친구들과 함께 있으면 환한 에너지가 팡팡 생길 거야.

다섯 번째, 어려운 일을 새로운 도전으로 생각하자. 어려운 수학 문제를 풀기도 전에 겁먹고 포기하지 말고, 한번 스스로 풀어보는 거야. 처음에는 힘들어도 집중하다 보면 자신감이 생기고, 나중에는 훨씬 쉬워질 거야.

여섯 번째, 좋은 결과를 상상하자. 새로운 일을 시작하기 전에 눈을 감고 잘되는 모습을 상상해 봐. 발표나 그림을 그리기 전에 잘 마무리한 결과를 떠올리면 자신감이 생겨 더 좋은 결과를 낼 수 있어.

일곱 번째, 작은 성취감을 자주 느껴 보자. 숙제를 끝냈거나 심

부름을 잘했을 때, 스스로에게 손뼉을 치면서 칭찬하는 거지. 작은 성공이 큰 성공으로 가는 첫걸음이거든.

  이 방법을 생각하며 매일매일 긍정적인 마음으로 살아 보자. 연습하다 보면 부정적인 생각은 사라지고, 긍정의 힘이 점점 커질 거야.

깊이 생각해 보자! 상상력 퀘스트!

마음을 긍정적으로 바꾸는 내 마음속 리모컨을 만들어 보자!

✿ 리모컨에 나만의 긍정 버튼을 만들어 보세요. '웃음 버튼', '용기 버튼' 등 다양한 버튼이 있을 거예요.

✿ 색연필, 사인펜, 크레파스를 사용해 나만의 리모콘으로 꾸며 보세요.

✿ 버튼 옆에는 버튼을 눌렀을 때 하고 싶은 행동이나 긍정적인 말을 적어 보세요.

원배 쌤의 꿈 공략집

'습관'은 우리가 꿈을 이루는 데 큰 힘이 돼요. 매일 조금씩 반복하는 작은 행동이 꿈을 이룬 멋진 사람으로 만들어 준답니다. 일상 속에서 긍정적이고 좋은 습관을 꾸준히 실천하면 여러분이 꾸는 꿈에 더 가까워질 수 있어요. 선생님도 아침 일찍 일어나서 출근 전까지 매일 책을 읽고 글을 쓰면서 작가의 꿈을 이뤄 가고 있답니다.

꿈은 평소 습관에서 시작돼요. 오늘부터 본인의 습관을 점검해 보고 좋은 습관 들이기 프로젝트를 세워 보세요.

💡 고정욱 작가의 지혜 한 스푼

학창 시절 체육 선생님이 재미있는 이야기를 해 주었어요. 복싱을 하는 친구가 한 명 있었어요. 이 친구는 복싱을 링에 올라야만 연습을 하는 것이 성에 차지 않았대요. 그래서 밥을 먹기 전에 무조건 원투 스트레이트 동작을 허공에 날리는 습관을 들였대요. 쉿쉿 소리를 내면서요. 그러면 자연스럽게 하루 세 번은 복싱 연습을 하게 되고, 일 년에 천 번 넘는 원투 스트레이트가 몸에 배는 거죠. 그 결과 그 친구는 나중에 학생 챔피언까지 되었다고 해요.

습관은 그저 작은 행동처럼 보이지만, 그 시간이 쌓이면 엄청난 힘을 발휘해요. 그러니 우리 모두 습관을 잘 길들여야겠죠?

레벨

3

오늘의 나를 성장시키는 스킬 업

Quiz

요즘은 선생님이 가르쳐 주는 수업만 듣는 것보다 스스로 공부하는 자기 주도 학습이 더 중요하다고 해. 그렇다면 자기 주도 학습을 잘하는 학생들은 어떤 비밀을 가지고 있을까?

① 공부하다 잠드는 능력
② 목표를 세우고 스스로 실천하는 힘
③ 연필로 종이에 암호를 적는 기술
④ 책을 베고 자면 내용을 꿈에서 배우는 기술

정답 ❷ 자기 주도 학습은 누가 시켜서 하는 공부가 아니에요. 스스로 '공부해야겠다!' 하고 마음먹고, 직접 계획하고 실천하는 능력을 키우는 데 초점이 있어요.

공부는 내가 주인공이야

어느 화창한 오후, 서아는 친구들과 놀까 말까 고민하며 현관에 앉아 있었어. 멍하니 앉아 있던 서아는 집 앞에 덩그러니 놓여 있는 자전거를 발견했어. 그 자전거는 서아보다 네 살 많은 오빠가 무척 아끼는 자전거였어.

자전거를 배우고 싶다는 생각에 서아는 엄마에게 달려가서 말했어.

"엄마, 자전거 어떻게 타요? 가르쳐 주세요!"

하지만 엄마는 고개를 저었어.

"서아야, 엄마가 오늘 정말 바빠. 오빠에게 가르쳐 달라고 하면 어떨까?"

"오빠는 싫어요! 못하면 화만 낸단 말이에요. 엄마가 가르쳐 주세요!"

"얘가 오늘따라 왜 이럴까? 미안하지만 오늘은 진짜 안 돼. 내일 엄마가 꼭 같이 자전거 타 줄게."

서아는 속상했지만 바쁜 엄마에게 자꾸 조를 수는 없었어. 그래서 혼자 배워 보기로 했어.

일단 스마트폰을 열어서 유튜브에서 '자전거 타는 법'을 검색하고 영상을 주의 깊게 살펴보았어. 그러고는 자전거를 끌고 사람들이 별로 없는 공원으로 향했어.

"어디 한번 해 볼까?"

영상을 보면서 한 단계씩 따라했어. 처음에는 쓰러지고 흔들리고 넘어지기를 반복했지만, 1시간 가까이 연습하니 넘어지는 횟수가 줄어들었어.

"우아, 나도 자전거 탈 수 있어! 너무 신기해"

온몸이 땀으로 흠뻑 젖은 서아는 넘어지지 않고 조금씩 앞으로 나아갔어. 잠깐 핸들에서 손을 놓아 넘어지기도 했지만 기분은 최고였어.

자전거를 타고 집에 돌아온 서아는 바쁘게 일하는 엄마에게 말했어.

"엄마, 나 혼자서 자전거 타는 법을 배웠어요!"

"아니, 어떻게? 다치지는 않았어? 엄마가 미안한데 그래도 혼자 배웠다니 너무 멋지다!"

엄마는 서아를 꼭 껴안으며 칭찬해 주었어.

이렇게 서아처럼 스스로 자전거 타는 법을 알아보고 탐구하는 것을 우리는 '자기 주도 학습' 또는 '스스로 학습'이라고 해. 이 과정을 통해 하고 싶었던 활동을 더 잘할 수 있게 되면, 자신감도 높아지지. 우리도 운동이든 공부든 독서든 일상에서 도전할 수 있는 것을 찾아보자.

스스로 공부하는 힘, 어떻게 키울까?

초등학생 때 스스로 공부하는 힘, 즉 자기 주도 학습을 하는 습관을 잘 만들면 중고등학교는 물론 어른이 되어서도 자신의 삶을 이끌어 갈 수 있어. 그럼 자기 주도 학습 능력을 키우는 방법은 무엇일까?

첫째, 학습 목표를 세우는 거야. 목표는 구체적으로 잡는 게 좋아. 매일 또는 매주 달성할 수 있는 작은 목표부터 세워 보자. 하루 30분씩 책 읽기, 수학 열 문제씩 매일 풀기, 영어 단어

하루에 열 개 외우기 등 정확한 시간과 할 일을 적어 공부를 계획하는 거야. 매일매일 작은 목표를 실천하면 시험 준비 같은 큰 목표도 자연스럽게 준비할 수 있어.

둘째, 스스로 공부할 수 있는 시간을 확보하는 거야. 하루 또는 일주일 단위로 학습 계획을 세우고, 언제 공부할지 미리 정하는 거야. 쉬는 시간도 공부 시간과 나누어 정하면 좋겠지? '책 읽기 30분 하고 10분 쉬기'와 같이 학습 시간 뒤에 일정하게 쉬는 시간을 정하면 집중력 유지에 도움이 돼. 이렇게 시간을 정해 공부하면, 시간 관리에도 더욱 능숙해질 거야.

셋째, 공부할 수 있는 환경을 만드는 거야. 독서실같이 조용하고 잘 정돈된 장소에서 공부해야 집중이 잘되겠지? 공부에 방해되는 스마트폰, 태블릿PC, 텔레비전와 같은 기기는 보이지 않는 곳에 둬야 공부에 집중할 수 있어. 공부할 때는 학습에 도움 되는 책과 문구류 외에 다른 물건은 책상 위에 두지 않는 게 좋아.

넷째, 스스로 자신의 상태를 점검하는 거야. 계획한 대로 실천했는지 무리해서 세우지 않았는지 점검한 후, 다음 계획에 반영하는 것이 중요해. 계획하고 실천하고 점검하는 과정을 반복하면 나만의 학습 루틴이 생길 거야.

다섯째, 꾸준한 학습 습관을 만드는 거야. 매일 일정한 시간 자기 주도 학습과 독서를 하는 습관을 들이는 것이 좋아. 처음부터 많은 시간을 계획하기보다는 스스로 할 수 있는 시간을 짧게 정해서 시작해 보자. 그러다가 시간을 점점 조금씩 늘려 가면 집중력이 흐트러지지 않고 꾸준히 할 수 있을 거야.

여섯째, 나만의 학습 방법을 찾는 거야. 공부할 때 어떤 방법이 나에게 잘 맞는지 스스로 알아야겠지? 시각 자료를 활용해서 공부할 때 더 이해가 잘되는지, 조용히 공부할 때 집중이 잘되는지 등 자기만의 학습 스타일을 찾아보자.

여섯 가지 방법을 참고하면, 자기 주도 학습 습관을 키울 수 있어. 요즘에는 학습 플래너와 학습 내용을 기록하는 앱도 많이 나와 있어. 매일 공부한 내용과 시간을 기록하고 친구들과 공유하면, 재미있게 공부할 수 있을 거야.

마지막으로 자기 주도 학습에 방해되는 것을 알려 줄게. 아래 내용은 최대한 멀리하는 게 좋다고!

> ▶ 등수와 시험 점수에 대한 강한 집착
> ▶ 부모님에게 의지하는 수동적 태도
> ▶ 인터넷, 유튜브, 게임 등에 치우친 생활 습관
> ▶ 자신의 학년보다 심하게 앞서가는 선행 학습
> ▶ 학원에만 지나치게 의존하는 학습

깊이 생각해 보자! 상상력 퀘스트!

스스로 학습을 위해 활동할 수 있는 활동을 적어 보자.

1	관심 분야의 책을 도서관에서 빌려서 읽어요.
2	
3	
4	
5	

요즘 어떤 걸 배우고 싶어? 배워서 이루고 싶은 목표를 적어 보고, 실천 방법을 적어 보자.

목표

⬇

⬇

원배 쌤의 꿈 공략집

선생님은 공부를 좋아하지 않는 학생을 많이 만나요. 왜 그럴까 생각해 보니 공부 자체가 재미없고 지루한 활동이라고 받아들이기 때문이더라고요. 공부를 다르게 생각해 보면 어떨까요? 공부를 '보물찾기'라고 생각해 보세요. 여러분은 보물을 찾는 탐험가가 되는 거죠. 모험하며 새로운 것을 발견하고, 문제가 발생하면 스스로 해결해 나가면서 목표 지점에 도달하는 거예요. 새로운 것을 배울 때마다 스스로 질문하면서 자신만의 보물을 찾아 떠나 보세요. 공부는 호기심을 해결해 주는 아주 훌륭한 보물찾기랍니다.

고정욱 작가의 지혜 한 스푼

대학원을 다닐 때 일이에요. 깊은 공부를 하려면 한문 공부를 더 해야 할 것 같았어요. 그래서 한문교육과 학생들이 공부하는 팀에 들어갔어요. 한자를 찾고 해석하며 하루 종일 자리에 앉아 함께 공부했지만, 하나도 힘들지 않았어요. 오히려 즐거웠죠. 조금씩 실력이 느는 것도 느껴져 뿌듯했고요. 아마 내가 스스로 원해서 하는 공부여서 그랬겠죠? 누가 시켜서 하는 것이었다면 그렇게까지 열심히 하지 못했을 거예요.

공부는 나를 위해 하는 겁니다. 내가 나를 가장 잘 알아요. 나의 공부 계획도 내가 짜는 게 가장 정확하답니다. 무엇이 부족한지 잘 알게 되니까요.

Quiz

창의력의 다른 이름은 '문제 해결 능력'이야. 아래에서 문제를 가장 잘 해결하는 방법은 무엇일까?

❶ 친구에게 문제를 던져 준다.
❷ 문제를 작은 단계로 나눠서 한 단계씩 해결한다.
❸ 문제를 덮어 놓고 하늘을 쳐다본다.
❹ 문제를 버리고 새로운 문제를 찾는다.

정답 ❷ 퍼즐을 맞출 때 한꺼번에 다 맞추려고 하면 어려워. 한 조각씩 순서대로 맞추다 보면 큰 그림이 완성되듯이, 문제도 작게 나눠서 차근차근 풀어 나가는 게 가장 효과적이지.

셜록 홈즈처럼 단서를 찾아라

학교에서 선생님이 내 준 숙제를 하거나 친구들과 운동장에서 놀다가 다툰 적 있지? 이때 '이 문제를 어떻게 해결하지?' 하고 고민한 적이 있을 거야.

부모님이 큰 퍼즐 상자를 사다 주셨다고 생각해 보자. 상자를 열어 봤더니 다양한 색깔로 이루어진 조각이 500개나 되는 거야. 모든 조각을 처음부터 한 번에 맞추는 것은 불가능하겠지.

그럼 최대한 빨리 맞추는 방법이 무엇일까? 먼저 퍼즐 조각을 색깔별로 나누고, 가장 쉬운 모서리부터 맞춘다면 쉽게 완성할 수도 있을 거야.

우리 앞에 닥쳐오는 문제들도 이 퍼즐과 비슷하다고 보면 돼. 큰 문제를 한 번에 해결하려고 하면 어렵고 복잡하지만, 작은 부분부터 나누어 생각하면 문제가 훨씬 쉬워질 수 있어.

예를 들어, 방이 어질러져 있을 때 어디서부터 치워야 할지 막막할 거야. 이럴 때는 순서를 정해서 청소해 보는 거지. 먼저 책상 위 물건을 정리하고, 그다음에 방바닥에 떨어진 옷을 정리하는 거야. 이렇게 하나씩 차근차근 정리하면 어느새 방이 깨끗해져 있을 거야. 아주 쉽지?

그럼 어질러진 방을 순서대로 정리하면 좋은 점이 뭘까? 일단, 시간이 절약되고 일을 해결하는 능력이 좋아져. 작은일로 나누니까 마무리하기 쉬워지지. 그리고 작은 일을 해결해 나갔을 때 '해냈다!'는 뿌듯함을 쉽게 느낄 수 있어. 마지막으로 큰 덩어리로 볼 때보다 문제를 효율적으로 끝낼 수 있어.

어려운 일이 생겼을 때, 어떻게 하지?

문제를 대할 때 효과적으로 해결할 수 있는 방법을 단계별로 알아볼까?

다섯 단계로 간략하게 설명할게. 아래 표를 참고해 봐.

단계	할 일	설명
1 문제 찾기	무엇이 문제인가?	무엇이 잘못되었는지, 고쳐야 할 것이 무엇인지 생각해 보자.
2 아이디어 생각하기	어떻게 해결할 수 있을까?	문제를 해결할 수 있는 다양한 방법을 떠올려 보자. 떠오르는 아이디어는 모두 적어 보자.
3 가장 좋은 아이디어 고르기	어떤 아이디어가 제일 좋을까?	문제를 가장 잘 해결할 수 있는 아이디어를 선택하자.
4 시도하기	아이디어를 사용해서 문제를 해결해 보자.	행동으로 옮겨 보는 거야. 해결 방법을 실행해 보고 어떤 결과가 나오는지 확인해 보자.
5 확인하기	해결이 되었는가?	선택한 방법으로 문제를 해결했는지 점검하자. 안 되었다면 2단계로 돌아가 새로운 방법을 시도해 보자.

우리 주변에서 발생하는 문제가 장난감 고장처럼 사소할 수도 있고, 중고등학교 성적처럼 미래를 위한 진지한 고민일 수도 있어. 문제를 가장 현명하게 대처할 때 가장 중요한 점은 차분히 해결하려는 마음가짐이야. 그러니 우리 모두 지금 배운

내용을 이해하고 문제를 마주했을 때 잘 해결해 보자!

이런 상황에는 어떻게 해결하지?

앞에서 어려운 일이 생겼을 때 해결하는 방법을 다섯 단계로 알아봤어. 하지만 집이나 학교에서 생활하다 보면 어떻게 적용해야 할지 모르겠는 일이 많을 거야. 어려운 상황이 닥쳤을 때 슬기롭게 이겨 낼 수 있도록 여러 상황을 살펴보자.

먼저, 친구와 장난치다가 다퉜을 경우야. 가까운 사람과 다투게 되면 화가 날 거야. 감정이 격해졌을 때는 잠시 자리를 피하는 것이 좋아. 나도 모르게 친구에게 말로 상처를 주게 될 수 있기 때문이야. 잠시 서로 시간을 가진 뒤, 친구를 만나서 먼저 사과하면 친구도 마음을 열고 화해의 손길을 내밀 거야. 이때는 친구의 말을 끝까지 들어 주는 인내심도 가져 보자.

두 번째로, 스마트폰 영상을 보거나 컴퓨터 온라인 게임을 하다가 엄마에게 혼날 때가 있을 거야. 하고 있는 일이 너무 재미있어서 해야 할 일을 잊는 경우지. 이럴 때는 내가 해야 할 일이 떠오를 수 있도록 도와주는 장치가 필요해. 하루에 놀 시간을 정하고, 휴대폰이나 컴퓨터로 알람을 맞춰 놓는 건 어떨까? 놀 때는 놀고 공부할 때는 확실하게 집중하는 모습을 보여 준다면, 부모님도 우리가 노는 시간을 존중해 줄 거야.

마지막으로, 모둠별 활동에서 발표자로 지목되었을 경우야. 그동안 발표할 때마다 떨려서 제대로 하지 못해서 창피했는데 또 발표자가 된 거지. 이런 일이 있으면 그날 학교를 결석하고 싶은 마음도 들 거야. 우리는 이 문제를 해결할려면 이 감정의 원인을 파악해야 해. 긴장하는 이유는 반 친구들 앞에서 발표를 망칠까 봐, 말을 더듬을까 봐 그런 것 아닐까? 그럼 '할 수 있다.'는 자신감을 가지고, 발표 자료를 만들어 보자. 그리고 발표 전까지 자료를 천천히 여러 번 반복해서 읽으며 연습하는 거야. 연습을 통해 멋지게 발표해 내면 자신감도 생길 거야.

생활 속에서는 이보다 더 많은 갈등을 겪을 수 있어. 그럴 때마다 감정에 치우쳐 상황을 마주하면 해결할 수 없어. 침착하게 상황을 바라보고, 어떻게 해결할 수 있을지 고민해 보자. 문제를 해결하는 연습을 꾸준히 하면 너도 셜록 홈즈처럼 될 수 있을 거야.

깊이 생각해 보자! 상상력 퀘스트!

시험 시간에 딱 한 자루 있는 연필이 '똑' 하고 부러졌어. 이럴 땐 어떻게 하면 좋을지 세 가지 아이디어를 떠올려 보자.

1	
2	
3	

요즘 어떤 걸 배우고 싶어? 배워서 이루고 싶은 목표를 적어 보고, 실천 방법을 적어 보자.

베스트 아이디어

선택한 이유

원배 쌤의 꿈 공략집

　세상은 새로운 기술과 방법이 계속 생기면서 모든 것이 빠르게 변하고 있어요. 미래에는 쉽게 답을 찾기 어려운 문제를 자주 만나게 될 거예요. 어른이 되어 사회생활을 할 때도 다양한 문제를 마주하게 되겠죠.
　이런 문제를 슬기롭게 해결하려면 초등학생 때부터 스스로 해결하려는 습관을 기르는 게 정말 중요해요. 스스로 해결하기 위해 많이 부딪혀 봐야 하죠. 이렇게 문제를 마주하다 보면 나중에 더 큰 어려움이 닥쳤을 때도 놀라지 않고 침착하게 해결할 수 있는 힘이 생긴답니다.

💡 고정욱 작가의 지혜 한 스푼

　대학교 다닐 때 강의실을 옮겨 다니는 게 정말 힘들었어요. 목발을 짚고 운동장을 가로질러 가야 하니까요. 그래서 다음 강의실 가면 늘 맨 뒷자리에 앉았어요. 뛰어가는 다른 학생들을 따라잡을 수 없으니까요.
　그때 나는 어떻게 하면 좋을까 생각하다가 지혜를 짜냈어요. 아침 일찍 그 강의실에 가서 맨 앞자리에 책 한 권과 노트, 그리고 볼펜을 미리 올려놔 자리를 잡았어요.
　이렇게 문제가 있으면 스스로 해결할 방법을 찾아야 해요. 문제가 있으면 해결책도 반드시 있으니까요.

컴퓨터, 스마트폰, 텔레비전을 통해 수많은 디지털 정보를 볼 수 있는 시대야. 그 속에서 필요한 정보를 똑똑하게 골라내려면 어떻게 해야 할까?

❶ 컴퓨터 모니터를 정성껏 닦는다.
❷ 인터넷 댓글을 제일 빠르게 단다.
❸ 매일 컴퓨터 게임 점수를 기록한다.
❹ 컴퓨터 프로그램을 올바르게 사용하고 정보를 비판적으로 평가한다.

정답 ❹ 이런 능력을 '디지털 리터러시'라고 해. 정보를 효과적으로 찾고 평가하며 활용하는 능력을 말하지.

디지털 리터러시, 앞으로의 보호막

요즘 친구들이 가장 많이 가지고 노는 물건이 뭘까? 태블릿, 스마트폰 같은 전자기기일 거야. 인터넷을 검색해서 원하는 정보를 찾고 친구들과 나누는 일이 일상이 되었어. 이러한 생활에서 인터넷 정보를 이해하고 말로 설명하는 능력을 '디지털 리터러시' 라고 해. 이 능력은 디지털 콘텐츠를 이해하고 활용하는 능력, 디지털 기술과 미디어를 비판적으로 보는 능력, 디지털 도구를 똑똑하게 사용하는 것까지 모두 포함하고 있어.

인터넷이 발달하고 디지털 기기가 많이 생기면서 이 능력의 필요성이 점점 강조되고 있어. 왜냐하면, 인터넷의 가짜 정보가 많기 때문이야. 2018년, 미국 MIT 미디어랩 연구팀에 따르면, 가짜 뉴스가 진짜 뉴스보다 여섯 배 더 빠르게 퍼진대. 심지어 가짜 뉴스에 담긴 혐오나 편견은 우리에게 전혀 도움이 되지 않고, 또 다른 사회 문제를 발생하게 하지. 그래서 ==우리는 진짜 정보와 잘못된 정보를 구분할 줄 아는 힘을 길러야 해.==

또한, 요즘은 친구들과 직접 만나기보다 디지털 매체로 대화하는 일이 훨씬 많아졌어. 변화한 소통 방식에 적응하기 위해서는 디지털 시대에 맞는 소통 방법을 제대로 배워야 할 필요가 있어.

디지털 리터러시를 기르는 다섯 가지 힘!

현대 사회에 꼭 필요한 '디지털 리터러시', 어떻게 기를 수 있을까?

첫째, 디지털 활용이야. 컴퓨터, 태블릿, 스마트폰 등과 같은 전자 기기에서 다양한 앱을 사용하는 방법을 습득하는 거야. 문서를 작성하거나 그림을 그리고, 사진을 편집하고, 발표 자료를 만들면서 활용하는 능력을 키워야 해.

둘째, 디지털에서 활발하게 활동해야 해. 온라인으로 친구들과 의견을 나누고, 함께 과제를 준비하는 등 적극적으로 참여하는 거지.

셋째, 창의와 혁신이야. 앱을 사용하여 좋아하는 동물을 주제로 슬라이드 쇼를 만들거나 태블릿을 사용하여 디지털 그림을 그릴 수도 있어. 이렇게 디지털 도구를 사용하여 새로운 것을 만들어 보는 거야.

넷째, 디지털 정서 지능이야. 온라인상에서도 타인을 이해하고 존중해야 해. 내 말이 다른 사람에게 어떻게 느껴질지 생각하며 예의를 지키는 태도가 필요해.

마지막으로, 디지털 보안과 탄력성이야. 개인 정보를 안전하게 지키고, 온라인 문제에 부딪히면 어떻게 대처할지 알고 준비하는 거야.

이 다섯 가지를 익히면 디지털 세상에서 유용한 것을 배우고 나누며 책임감 있는 디지털 시민으로 성장할 수 있을 거야.

디지털 시대에서 이것을 조심해야 해!

디지털 시민으로 성장하기 위해서 스스로를 지킬 줄도, 상대를 보호할 줄도 알아야 해. 그렇다면 인터넷을 사용할 때는 어떤 점에 유의해야 할까?

첫째, 인터넷을 안전하게 사용하는 습관을 길러야 해. 낯선 사람과 이야기하지 않고 이름, 주소, 비밀번호 같은 개인 정보를 절대 알려 주면 안 돼.

둘째, 정보를 검증해야 해. 인터넷에 있는 정보가 모두 사실은 아니야. 내가 접한 정보가 사실인지 여러 번 확인해야 해.

셋째, 디지털 공간에서도 윤리와 책임감을 느껴야 해. 온라인에서도 익명의 상대에게 친절하게 대하고 나쁜 말을 쓰지 않아야 해. 악의적인 댓글과 콘텐츠가 누군가에게 슬픔을 줄 수 있다는 사실을 알고 있어야 하지.

마지막으로, 시간 관리를 해야 해. 게임이나 유튜브도 좋지만 오래 하면 중독이 될 수 있어. 일상생활에 나쁜 영향을 주지 않도록 쉬는 시간도 꼭 가져야 해.

이렇게 디지털 세상에서 인터넷을 배우고 올바르게 사용한다면, 우리 모두 똑똑하고 책임감 있는 디지털 시민이 될 수 있어.

디지털 세상에서 지켜야 할 윤리

디지털 세상에서도 지켜야 하는 도리가 있어. 바로 '디지털 윤리'지. 인터넷 공간에서 서로를 배려하며 행동해야 해. 그럼 디지털 세상에서 지켜야 하는 윤리를 알려 줄게.

첫째, 말을 예쁘게 해야 해. 얼굴을 맞대고 이야기할 때처럼 예쁘고 착한 말을 써야 하는 거야. 온라인이라고 해서 욕설하거나 상대방을 비방하는 말을 해서는 절대로 안 돼.

둘째, 내 정보는 물론 주위 사람의 정보도 함부로 공유해서는 안 돼. 여기서 정보는 전화번호, 주민 번호와 같은 개인 정보는 물론, 상대방의 허락을 받지 않고 마음대로 유포하는 사진도 포함돼. 이런 일은 범죄이기에 처벌받을 수 있어.

셋째, 내가 만든 자료가 아니면 함부로 사용해서는 안 돼. '저작권'이라고 들어봤지? 그림, 음악, 글 등 창작물에 대해서는 만든 사람에게 허락을 받아야 해. 돈을 지급하거나 출처를 표기해야 하지. 이를 정확하게 확인하지 않는다면, 저작권법에 걸려서 처벌받게 될 수도 있어.

넷째, 상대방을 절대로 괴롭히거나 따돌리면 안 돼. 오프라인은 물론 온라인에서도 이런 행동은 큰 아픔을 줄 수 있는 행동이라는 것 잊지 마.

디지털 세상은 우리에게 많은 편리함을 주지만, 올바르게 사용하지 않으면 누군가에게 큰 피해를 줄 수 있어. 우리가 현실에서 예의를 지키듯 디지털 공간에서도 상대를 존중하며 활동해야 한다는 사실을 잊지 마.

깊이 생각해 보자! 상상력 퀘스트!

요즘에는 누구든 앱을 개발할 수 있어. 내가 만들고 싶은 앱의 이모티콘을 그리고, 그 앱의 이름과 설명을 적어 보자.

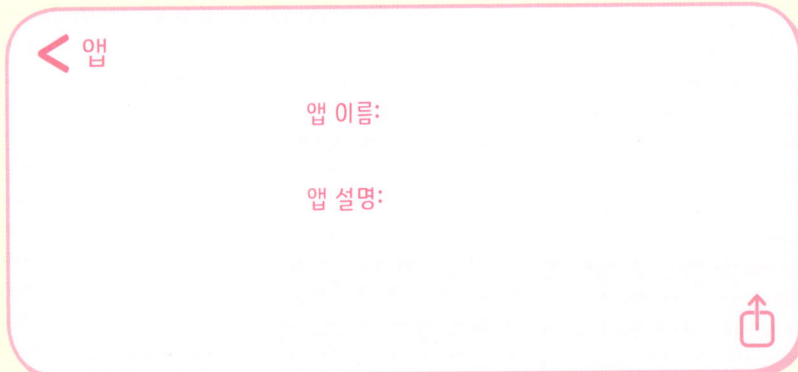

앱 이름:

앱 설명:

사람마다 인터넷 세상과 현실에서의 성격이 조금씩 다르다고 해. 나는 어떤 차이가 있는지 표현해 보자.

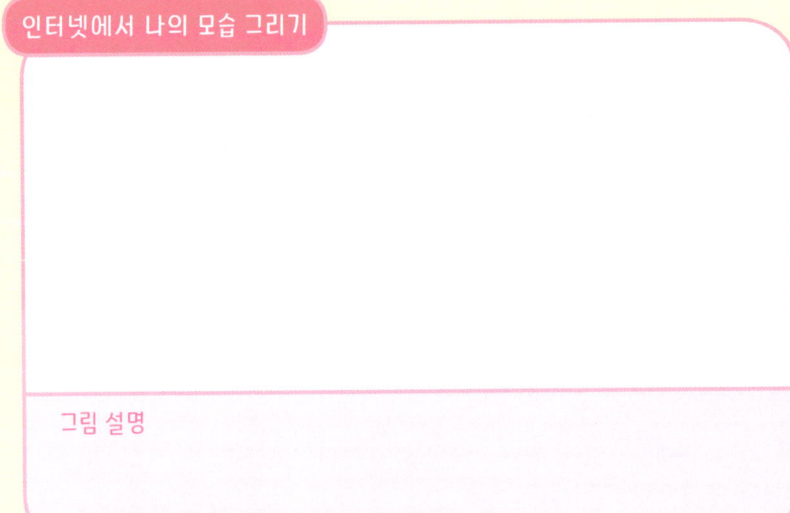

인터넷에서 나의 모습 그리기

그림 설명

원배 쌤의 꿈 공략집

　인터넷은 다른 사람과 연결될 수 있는 거대한 놀이터와 같아요. 놀이터에서 안전하게 노는 방법을 알아야 하는 것처럼, 온라인에서도 안전을 유지하는 방법을 알아야 하지요. 디지털 활용 능력은 나를 보호하고, 위험한 사람을 피하고, 다른 사람과 좋은 관계를 만드는 방법을 배우는 거예요.

　디지털 활용 능력은 우리가 만들고 싶은 꿈을 실현할 수 있는 도구도 제공해요. 그 방법을 올바르게 배워서 여러분의 꿈을 이루는 데 활용해 봐요. 막연했던 미래의 꿈이 어느 순간 현실로 다가올 거예요.

💡 고정욱 작가의 지혜 한 스푼

　'인간은 착하다.'라고 주장하는 사람이 있어요. 반면에 누군가는 '인간은 악하다.'라고 말하지요. 여기서 나는 이렇게 말하고 싶어요. '인간은 착하면서, 악한 존재다.' 그 대표적인 예가 인터넷 댓글이에요. SNS나 기사에 끔찍한 댓글을 다는 사람 중 학생이 많다고 해요. 다른 사람을 괴롭히고 싶은 마음을 참지 못하기 때문이에요.

　댓글 중에는 나쁜 댓글만 있는 게 아니에요. 착한 마음으로 쓰는 '선플'도 있어요. 감동적인 영상이나 좋은 글에 '정말 멋져요!'처럼 따뜻한 댓글을 남기는 거예요. 디지털을 사용할 때 가장 잊지 않아야 할 것은 바로 선플을 다는 마음이에요.

Quiz

자신의 능력을 길러 더 나은 사람이 되는 걸 자기 계발이라고 해. 그럼 자기 계발을 위한 책 읽기에서 가장 중요한 것은 무엇일까?

① 책의 두께를 자랑한다.
② 읽고 싶은 책만 골라 본다.
③ 읽은 내용을 정리하고 내 삶에 적용해 본다.
④ 책 속의 그림을 모아서 전시회를 연다.

정답 ❸ 독서를 하면 그 안에 있는 지식을 얻게 돼. 그 지식을 정리하고 실생활에 활용하면 자기 계발에 큰 도움이 될 거야.

책 속에 숨은 직업의 씨앗

　어른들이 '책은 마음의 양식이다.'라는 말을 자주 하지. 이 말은 무슨 뜻일까? 우리는 몸이 건강해지기 위해 매일 뛰어놀고 맛있는 음식을 먹고 있잖아. 음식으로 섭취한 영양분이 몸을 건강하게 만들듯, 뇌가 성장하기 위해서는 필요한 것이 있어. 바로, 매일 읽는 책이야.

　책은 우리의 마음을 위한 음식이라고 할 수 있어. 맛있는 사과나 새콤달콤한 귤을 먹으면 우리의 몸이 비타민을 얻어 건강해지는 것과 같이, 책을 읽으면 뇌는 아이디어와 정보를 얻을 수 있어.

책 읽기의 놀라운 힘

책은 우리의 마음을 위한 맛있는 음식과 같은 거야. 맛있는 음식을 품고 있는 책은 우리에게 어떤 변화를 가져다줄까?

첫째, 상상력을 날아오르게 해. 책을 읽을 때 문장을 하나하나 음미하다 보면 그 장면을 머릿속에 그리며 읽게 돼. 책에서 날아다니는 용 이야기가 나오면, 반짝이는 날개, 불을 내뿜는 숨결 그리고 구름 사이를 나는 모습까지 상상할 수 있어. 책은 우리의 상상력을 위한 놀이터라고 보면 돼.

둘째, 새로운 것을 배울 수 있어. 별이 어떻게 빛나는지, 동물의 꼬리는 어떤 역할을 하는지 궁금했던 적 있을 거야. 책은 이런 궁금증을 풀어 주는 이야기로 가득해. 책을 읽을 때마다 새로운 내용을 배우게 되는 거지. 마치 우리의 뇌에 지식을 듬뿍 담은 맛있는 음식 한 그릇을 먹는 것 같다고나 할까?

셋째, 감정을 키울 수 있어. 책은 사람을 웃게 하고, 울게 하며, 용감하게 만들 수 있어. 책을 통해 다른 사람의 마음을 이해하고 배려하는 방법을 배울 수 있지. 이것은 마음속에 친절함과 용기를 키우는 정원을 가꾸는 것과 같아.

넷째, 문제를 해결하는 법을 배워. 책 속에는 성공한 사람들의 이야기가 담겨 있어. 그들의 삶을 살펴보면서 어려움이나 갈등을 어떻게 해결했는지 배울 수 있지.

다섯째, 모험을 떠날 수 있어. 누구나 모험을 좋아하지? 책과 함께라면 도서관에서도 마법의 땅으로 여행하고, 바닷속으로 탐험하고, 달에 갈 수도 있어. 책 속의 모험은 우리의 호기심을 채워 주기도 해.

위인들은 책을 어떻게 읽었을까?

독서가 중요하다는 것은 모두 알고 있지만, 바쁜 하루를 보내다 보면 꾸준히 책을 읽기가 생각보다 쉽지는 않아. 읽고 싶은 책, 읽어야 할 책은 많은데 과연 '어떻게' 읽는 것이 좋을까?

우리 모두 어렸을 때 위인전을 많이 읽었을 거야. 위인전에 나오는 사람들은 대부분 독서광이었어. 그분들은 어떻게 책을 읽었을지 궁금하지? 그래서 선생님이 세 분의 이야기를 준비했어.

먼저, 세종대왕은 '백독백습'이라는 방법으로 공부했어. 백독백습은 '백 번 읽고 백 번 쓴다.'는 뜻이야. 책 한 권을 백 번 읽고 백 번 쓰면 비로소 그 책의 내용을 제대로 이해할 수 있다는 의미지. 여러 권의 책을 조금씩 읽는 것보다 한 권의 책을 반복해서 읽고 쓰는 것이 더 중요하다는 거야.

우리도 공부할 때 복습하잖아. 한 번 복습하는 것보다 여러 번 복습하면 훨씬 더 좋은 결과를 얻을 수 있어. 세종대왕의 백독백습처럼 책을 반복해서 읽고 공부하면 배운 것을 더 오래 기억할 수 있을 거야.

다산 정약용은 조선 시대 최고의 학자였어. 그는 ≪목민심서≫를 비롯해 정말 많은 책을 썼는데, 이렇게 많은 책을 집필했다는 것은 그만큼 책을 많이 읽었다는 뜻이기도 해. 책을 좋아했던 정약용은 책을 읽을 때 '정독'을 강조했어. 정독은 책을 자세히 살피면서 읽는 것을 말해. 책 속의 작은 단어나 토씨 하나도 놓치지 않고 꼼꼼히 읽는 거야. 정약용처럼 책을 꼼꼼하게 읽으면 책에 담긴 내용을 더 깊이 이해할 수 있어.

신사임당은 책을 읽을 때 '메모 독서'를 실천했어. 메모는 좋은 내용을 짤막하게 적어 두는 것을 말해. 책을 읽다가 마음에 드는 내용이나 멋진 글귀가 나오면 종이에 적어서 기억할 수 있도록 하는 거야. 메모하면 새롭게 알게 된 내용을 까먹지 않고 기억할 수 있어. 신사임당은 책을 읽다가 좋은 내용이 나오면 그 글을 종이에 적어서 자녀들이 볼 수 있도록 집 안 곳곳에 붙여 두었다고 해. 이렇게 하면 가족 모두 좋은 글을 보고 배우며 함께 성장할 수 있을 거야.

　이 세 가지 방법 외에도 다양한 독서 방법이 있어. 우리가 살면서 모든 독서 방법을 다 따라 할 수는 없겠지만, 나에게 잘 맞는 방법을 찾아서 꾸준히 실천해 보자.

　선생님은 신사임당의 '메모 독서' 방법으로 책을 읽고 있어. 마음에 남는 문장이나 중요한 내용이 있으면 독서 노트에 적어서 정리하지.

　우리가 하루에 세 번 밥을 먹어야 몸이 건강해지듯, 뇌도 매일 책을 간식처럼 즐기면 생각이 활기차고 건강하게 바뀌어. 몇 페이지만 읽어도 생각이 넓어지고 마음이 풍성해질 수 있을 거야.

깊이 생각해 보자! 상상력 퀘스트!

독서는 마음의 양식이야. 내가 좋아하는 책으로 독서 카드을 채워 볼까?

제목 _____

작가 _____

이 책을 선택한 이유

내가 가장 좋아하는 문장

가장 좋아하는 책의 새로운 표지를 만들어 보자. 책의 제목, 작가를 정하고, 책 내용을 나타내는 그림으로 나만의 표지를 그려 봐.

원배 쌤의 꿈 공략집

선생님은 학창 시절에 내성적이어서 사람들 앞에 서면 말을 잘하지 못했어요. 하지만 독서를 꾸준히 하면서 자신감을 가지게 되었고, 지금은 하고 싶은 말을 조리 있게 할 수 있어요. 책을 꾸준히 읽었을 뿐인데 이렇게 달라진 거예요.

그러니 여러분도 심심할 때 책을 읽어 보세요. 책 속에는 마음을 움직이는 무한한 이야기가 가득하답니다. 즐겁게 책을 읽다 보면 여러분도 성장할 수 있을 거예요.

💡 고정욱 작가의 지혜 한 스푼

과거에는 책이 아주 귀하고 비쌌어요. 그래서 옛날 사람들은 책을 통째로 베껴서 새 책을 만들기도 했고, 책이 더러워지지 않도록 소중히 다뤘어요.

하지만 요즘은 그렇지 않아요. 책 내용을 잘 기억하기 위해 필요한 곳에 밑줄을 긋거나 메모를 해도 괜찮지요.

책은 소모품이에요. 도서관에서도 책이 너무 오래되면 버리기도 하지요. 그러니 여러분도 책을 소중히 하되, 편하게 가지고 놀 수 있는 장난감이라고 생각해 보세요. 여러분이 책과 더 가까워져서 책 속에 있는 마음의 양분을 많이 얻으면 좋겠어요.

레벨
4

방향을 알려주는 직업 나침반

Quiz

내가 어떤 사람인지 아는 것은 정말 중요해. 자신의 강점과 약점을 찾는 가장 좋은 방법은 무엇일까?

① TV를 보며 나와 비슷한 캐릭터 찾기
② 친구와 가위바위보를 해서 강자와 약자 정하기
③ 잘하는 일과 어려워하는 일을 적어 보며 스스로 돌아보기
④ 거울을 보고 "너는 모든 게 완벽해."라고 말하기

정답 ❸ 스스로 자신의 행동과 생각을 돌아보면 내가 어떻게 살고 있는지 알 수 있어. 이런 성찰은 강점과 약점을 파악하는 가장 효과적인 방법이야.

강점도 약점도 나의 보물

옛날 옛적에 숲에서 동물들이 운동회를 준비하고 있었어. 누가 어떤 종목에 참여할지 역할을 정하고 있었지. 운영 위원인 호랑이는 자기가 원하는 대로 동물들의 경기 참여 종목을 짰어.

"토끼는 높이뛰기, 코끼리는 나무 오르기, 참새는 수영하기, 그리고 또……."

그 말을 듣고 동물들은 모두 흥분하며 난리가 났어. 가장 먼저 토끼가 "난 높이뛰기를 할 수 없을 것 같아. 절대 캥거루를 이길 수 없을 거야."라고 말했어.

옆에 있던 코끼리도 "나보고 나무를 오르라고? 한 발자국도 오를 수 없어. 해 보나 마나 상대편에게 질 거야."라며 투덜거렸어. 참새도 옆에서 "난 수영을 못한다고. 그냥 돌처럼 가라앉을 거야. 왜 나보고 그런 걸 하라는 거냐고?"라고 지저귀면서 끼어들었어.

동물들의 불만을 들은 어른 부엉이가 회의를 소집했어.

"누구나 자신이 잘하는 것이 있어. 모두 능력에 맞게 게임에 참여해야 해. 각자 잘하는 것을 이야기해 보고 참가할 종목을 바꾸면 어떨까? 그래야 우리 모두 체육 대회를 즐길 수 있을 거야."

동물들은 부엉이의 말에 모두 동의했고, 각자의 고유한 능력에 맞는 게임에 참가하기로 했어.

첫 번째 게임은 백 미터 달리기였어. 이 게임에는 토끼가 나갔어. 상대 팀에서는 치타가 나왔지. 출발 신호가 울리자마자 먼지를 일으키면서 동물들이 달렸어. 치타를 앞지르며 1등을 한 토끼의 속도를 보고 모두 놀라서 환호성을 질렀어. 부엉이는 토끼를 보며, "이 게임은 너에게 딱 맞는 것 같아. 토끼야, 파이팅!" 하고 말했어.

두 번째 경기는 줄다리기였어. 이 경기에는 코끼리가 참여했어. 코끼리는 온 힘을 다해 줄을 당겨 상대 팀을 이겼어. 경기를 마친 코끼리는 "정말 재미있었어. 운동회를 이렇게 즐길 수 있을지 몰랐어."라고 하며 웃었지.

참새도 빨리 날기 대회에서 울창한 숲길을 뚫고 나무 주위를 돌다가 가장 높은 가지에 우아하게 착지했어. 참새는 "슈퍼스타가 된 기분이야!" 하며 지저귀었어.

동물들은 각자 잘하는 경기에서 힘껏 뛰었기 때문에 승리도 하고, 운동회도 즐겁게 보낼 수 있었어.

내 안에 숨은 강점을 찾는 방법

우리도 각자 강점과 약점이 있어. 자신이 잘하는 것을 발견하고 그것에 집중하며 최선을 다하는 것이 중요해. 그렇다면 나만의 강점은 어떻게 찾을 수 있을까?

첫째, 새로운 활동을 시도해 보자. 직접 해 보기 전에는 자신이 무엇을 잘하는지 알 수 없어. 동아리 활동 참여하거나 그림, 스포츠, 코딩 같은 새로운 일에 도전해 봐. 생각지도 못한 강점을 발견할 수 있을 거야.

둘째, 친구나 가족에게 물어보자. 나는 알지 못하는 나만의 강점을 주변 사람들이 느끼고 있는 경우도 많아. "내가 잘하는 게 뭐라고 생각해?" 하고 물으면 미처 몰랐던 강점을 알려 줄 수 있어.

==셋째, 지금까지 꾸준히 해 왔던 활동을 되돌아보자.== 평소 자랑스러웠던 순간을 떠올려 봐. 예를 들어, 친구를 도와주었던 일이나 나만의 성과를 발표한 순간 말이야. 생각을 따라가다 보면 내가 잘하는 것이 무엇인지 알 수 있을 거야.

==넷째, 평소 즐겨 하는 것을 생각해 보자.== 시간 가는 줄 모르고 하는 일이 무엇인지 적어 보면 거기에 내 강점이 숨어 있을 거야.

==다섯째, 다른 사람에게서 칭찬받은 일을 떠올려 보자.== 매일매일 일기를 쓰며 그날 칭찬받았던 일을 적어 볼까? 선생님이 글씨가 예쁘다고 칭찬했거나 친구들이 축구를 잘한다고 말해 준 순간이 있을 거야. 주변 사람의 칭찬을 되짚어 보면 나의 장점을 찾을 수 있어.

내 안에 숨어 있는 강점을 찾는 방법을 이해했다면 일상생활 속에서 실천해 보는 것이 좋겠지?

오늘 내가 새롭게 한 활동, 꾸준히 한 활동 혹은 몰랐던 내 모습 등을 열 가지 정도 적어 보자. 그중 내가 가장 집중하고 재미있던 일이 무엇인지 생각해 보며 순위를 매겨 보고, 순위가 가장 높은 두 가지의 일을 이 주 동안 실천하며 느낀 점을 적는 거지. 이런 활동을 반복하면 '관찰력', '배려심', '끈기' 등 나만의 강점 키워드를 발견할 수 있을 거야.

　강점은 내가 가장 좋아하는 일을 할 때 가장 밝게 빛나. 좋아하는 일을 할 때 우리는 시간이 흐르는 것을 잊을 정도로 몰입해서 그 일을 빠르게 배울 수 있고 실수나 실패해도 다시 일어설 힘을 가지게 돼. 좋아하는 만큼 우리는 열정을 가지고 그 일에 한걸음 더 다가갈 수 있는 거지.

　또한 강점을 키우다 보면 자연스레 약점도 보안할 수 있어. 강점이 앞으로 나아갈 수 있는 추진 장치라면, 약점은 스스로 되돌아보고 균형을 잡을 수 있는 제동 장치라고 볼 수 있어. 둘을 함께 다듬을 때, 우리는 더욱 성숙해지고 깊이 있게 배울 수 있으며 주변 사람들에게 긍정적인 영향을 줄 수 있어. 그러니 우리 안에 숨은 잠재력을 찾기 위해 꾸준히 노력해 보자. 어느 순간, 좋아하는 일이 '잘하는 일'이 되고, 잘하는 일이 '내 강점'이 되어 우리가 살아가는 든든한 토대가 되어 줄 거야.

깊이 생각해 보자! 상상력 퀘스트!

나만의 강점 나무를 완성해 보자. 아래 나무에 나만의 색으로 색칠하고, 아래 내용을 적어 봐.

☆ 뿌리: 그동안 배우고 익힌 지식과 기술

☆ 기둥, 줄기: 나의 강점(예: 친구를 도와주는 마음, 발표할 때 큰 목소리, 축구 실력 등)

☆ 나뭇가지: 강점을 더 강하게 만드는 방법(예: 책 읽기, 조언 구하기 등)

원배 쌤의 꿈 공략집

여러분은 모두 특별해요. 다양한 모양을 가졌지만 서로 잘 어울리는 퍼즐과 같죠. 강점은 태어날 때부터 가진 능력이거나 노력해서 잘하게 된 것이에요. 여러분을 더욱 빛나게 만들죠.

하지만 모든 퍼즐에는 공백이 있다는 것을 기억하세요. 공백은 우리에게 약점, 즉 하기 어렵게 느껴지거나 자연스럽게 나오지 않는 일이겠지요. 약점이 있다고 훌륭하지 않은 것은 아니에요. 누구나 약점을 가지고 있으니까요. 약점을 받아들이고 강점을 키워 나가면 약점도 성장의 기회가 될 수 있다는 것을 잊지 마세요.

💡 고정욱 작가의 지혜 한 스푼

어린 시절 나는 장애로 밖에 나갈 수 없었어요. 그건 아주 큰 약점이었죠. 하지만 일찍이 한글을 배워 책을 읽게 되면서 약점이 강점으로 바뀌었어요. 밖에 나가지 못하는 만큼 집에서 책을 읽는 데 집중할 수 있었죠. 다른 친구들은 한글도 제대로 모르는데 나는 하루에 책을 열 권씩 읽었으니까요. 이 덕에 나는 우리나라에서 책을 제일 많이 쓴 작가가 되었어요. 여러분도 '나에게 있는 약점을 어떻게 강점으로 바꿀까?' 고민해 보세요. 그리고 방향을 정해 노력하세요. 엄청난 성과가 나타날 거예요.

경험은 최고의 선생님이야. 여러 직업을 경험할 수 있는 방법은 무엇일까?

❶ 매일 다른 직업복을 입고 다닌다.
❷ 진로 체험에 참여하거나, 직업을 가진 사람들과 이야기 나눈다.
❸ 책상 위에 '직업 룰렛'을 돌려 선택한다.
❹ 꿈의 직업을 영화 속 주인공으로 상상한다.

정답 ❷ 이 방법은 여러 직업에 대한 이해도가 높아지고, 관심 분야가 넓어질 수 있는 기회이기 때문에 중요해.

마음에서 꺼내 보는 나만의 직업

진로는 직업과 관련해 나아갈 길을 뜻하지만, 넓게는 사람이 태어나서 죽을 때까지의 모든 과정과 활동을 의미해. 우리는 학교나 집에서 다양한 활동을 하고, 그중 나에게 맞는 목표를 향해 나아가지. 이렇게 진로는 '개개인의 역사' 라 할 수 있어.

진로를 탐색하는 다섯 단계

진로 목표를 설정하려면 다양한 활동을 해 보는 것이 중요해. 어떤 활동이 나에게 맞는지 탐색하기 위해 선생님이 준비한 진로 탐색 단계를 함께 살펴보자.

1단계는 내가 누구인지 알아보는 거야. 누군가 너에게 "장점과 단점이 뭐야?", "너는 잘하는 것과 못하는 것은 뭐야?"라고 묻는다면 어떻게 대답할 거야?

이 질문에 답하려면 우선 자신의 성향을 먼저 파악해야 해. '나는 누구인가?', '나는 어떤 성격의 소유자인가?' 등 내가 어떤 사람인지 고민하면서 나를 제대로 알아야지 성향에 맞는 진로 목표를 세울 수 있어.

그럼 나를 아는 방법은 뭐가 있을까? 수도 없이 많지만, 바로 실천할 수 있는 방법을 몇 가지 알려 줄게.

먼저, 진로심리검사를 받는 거야. 내 성향을 객관적으로 파악할 수 있는 방법이지. 이 검사는 커리어넷이나 워크넷에서 무료로 받을 수 있어. 14세 미만은 부모님 동의를 받으면 가입해서 자유롭게 활용할 수 있어.

학교 수업을 집중해서 듣는 것도 도움이 돼. 학교에서 배우는 과목은 모두 직업과 연결되어 있기 때문이야. 수업을 들으면서 내가 흥미가 있는 과목을 찾는 거지. 수업을 잘 들으면 성적도 올라가겠지만, 결국에는 내가 좋아하고 잘하는 것을 찾는 계기가 될 거야.

그 외에도 진로 상담을 하거나 주변 사람들의 조언을 듣는 등 나를 찾는 방법은 다양해. 이런 방법을 이용하면 보이지 않는 진로 터널에서 길을 찾을 수 있어.

2단계는 버킷 리스트를 만드는 거야. 버킷 리스트는 살면서 하고 싶은 것을 적는 거야. 진로 목표나 직업을 적지 않아도 돼. 우리가 사는 목적이 직업을 얻기 위한 것이 아니니까. 어떻게 하면 하고 싶은 일을 하며 '행복하게 사느냐.'가 중요하지. 내가 하면 행복할 것 같은 일을 버킷 리스트에 적어 보고, 언제 해 볼지도 적어 보자.

3단계는 삶의 가치를 생각하는 거야. 이 단계는 앞으로 어떤 삶을 살 것인지를 결정짓기 때문에 매우 중요해. '나는 어떤 가치를 가지고 살아갈 것인가?'라는 질문은 평생의 행복과 연결되어 있어. 만약 돈을 많이 벌어 부자가 되는 것이 목표라면, 단순히 돈을 버는 것뿐만 아니라 어떻게 버는지도 생각해 봐야겠지. 정직하고 바른 방법으로 타인에게 피해를 주지 않으면서 벌어야 진짜 의미가 있으니까. 또 벌어들인 돈을 어떻게 나누고 함께 행복을 만들어 갈지도 고민해 봐야 해. 나에게 명예가 중요하다면, 명예를 얻는 이후의 삶을 어떻게 살아갈지도 그려 봐야 해.

'꿈 너머 꿈'이라는 말 들어 봤어? 눈앞의 목표만 이루는 데 그치지 않고, 그 너머의 어떤 가치를 이루며 살아갈지를 생각하는 거야. 이런 생각이 너를 더 큰 목표로 이끌고, 올바른 가치관으로 세상을 살아가며 인간다운 성장을 이루는 데 도움이 될 거야.

4단계는 배우고 싶은 것과 하고 싶은 직업을 찾아보는 거야. 중학교까지는 집에서 가까운 학교에 배정되지만, 고등학교는 그렇지 않아. 그때는 내가 배우고 싶은 분야나 하고 싶은 일에 맞춰 학교를 선택할 수 있어. 그런데 어떤 친구들은 진로에 대한 깊은 고민 없이 단순히 학과 이름만 보고 선택하거나 심지어 친구 따라 학교를 정하기도 해. 그런 선택은 나중에 후회로 이어질 수 있겠지? 그래서 꼭 필요한 게 내 진로 목표와 연결된 학과와 학교를 선택하는 것이야.

1단계에서 설명했던 진로심리검사에서 나온 결과를 바탕으로 관련 학과나 학교 정보를 찾아보면 미래를 설계하는 데 많은 도움이 될 거야. 또 평소에 관심 있었던 분야, 그 분야와 관련된 고등학교 유형 혹은 대학교 학과를 직접 탐색해 보는 것도 좋아.

5단계는 도전 의식을 가지고 연결하는 거야. 관심 있고 잘하는 것을 찾아 나아가는 것이 가장 좋아. 그런데 만약 아직 관심 있는 분야가 없다면 어떻게 해야 할까? 앞서 설명한 1단계부터

4단계까지를 다시 반복하며 탐색하고, 끊임없이 도전해 보면 돼. 아무것도 시도하지 않으면서 내가 뭘 잘하는지, 어떤 길이 나에게 맞는지 찾을 수는 없어. 그건 절대 누가 대신 찾아 줄 수도 없는 문제니까.

가만히 멈춰 있으면 아무 일도 일어나지 않아. 항상 움직이고, 생각하고, 체험하려는 자세가 중요해. 내가 얼마나 부딪쳐 보고 얼마나 시도하느냐에 따라 미래는 더 분명해질 거야.

다양한 진로 정보 탐색 방법	
진로심리검사	직업흥미검사, 직업적성검사, 직업가치관검사, 진로탐색검사, 성격검사 등 각종 인적성 검사를 통해 객관적으로 자신의 성향을 파악해 보자. 커리어넷, 워크넷 등에서 무료로 검사 가능해.
직업 실무 체험	직업을 체험할 수 있는 모의 일터에서 직업인을 만나고 업무를 하는 거야. 한국잡월드, 키자니아 등에서 직업을 미리 체험할 수 있어.
진로 캠프, 진로 박람회	종합적인 진로 교육 프로그램을 참가해 보자. 매년 각 시도 교육청이나 지역 자치구에서 개최하는 진로 박람회를 참여하는 거야.

현장 견학	학교를 떠나 직업인의 일터나 박물관 등을 방문하여 직업 세계를 탐험하는 거야. 자동차 공장, 천문대 등이 있어.
직업인 면담	관심 직업인과 대화하여 그 직업 세계를 알아 갈 수 있어.
진로 특강 멘토링	직업인의 이야기를 직접 들어 볼 수 있는 특강이야. 학교에서 또는 진로직업체험센터, 도서관 등에서 직업인 특강을 들을 수 있어.
인터넷 검색	인터넷이 발달하면서 다양한 정보를 검색할 수 있어. 신뢰성, 최신성, 윤리성 등을 잘 판단해서 수용해야 해. 커리어넷이나 워크넷 등 공신력 있는 사이트를 활용해 보자.
학과 체험	특성화 고등학교나 대학교를 직접 방문해서 학과를 체험해 보는 활동이야. 학교에서 매년 정기적으로 참가할 사람을 모집하고 있어.
서적, 신문	진로 직업 관련 도서가 요즘 많이 출간되고 있어. 관심 직업인이 집필한 책을 읽어 보면 직업을 이해할 수 있는 계기가 될 거야.
영상 자료	유튜브에서 직업 영상을 찾아볼 수도 있어. 워크맨, 드림주니어, 전과자 등 여러 채널을 통해 직업인의 모습을 살펴볼 수 있어.

직업 정보, 이것까지 알아보자

하는 일	관심 직업이 무슨 일을 하는지 알아보기 예) 동물병원 수의사는 동물의 병을 진단하고 치료하며, 질병을 예방하고 관리하는 일을 해.
필요한 능력	어떤 능력이나 성격이 필요한지 파악하기 예) 수의사는 동물의 상태를 잘 살펴야 하기에 관찰력이 좋아야 해. 응급 상황에서도 대처할 수 있는 침착성과 인내심도 필요하지.
관련 학과	어떤 과목을 공부해야 하는지 살펴보기 예) 수의사가 되려면 수의학과에 들어가야 해.
관련 자격증	관심 직업을 갖는 데 필요한 자격증 조사하기 예) 수의사는 수의사 자격증이 있어야 하는 직업이야.
일하는 장소	어디서 주로 일하는지 알아보기 예) 수의사는 주로 동물병원에서 일해.
관련 도구	어떤 도구와 장비를 사용하는지 조사하기 예) 수의사는 청진기, 수술 기구 등을 가지고 치료해.
보람과 어려움	관심 직업을 가지면 좋은 점과 힘든 점은 무엇인지 알아보기 예) 수의사는 아픈 동물을 치료하고 보람을 느끼지만, 동물의 건강이 나빠졌을 때 담당 의사로서 정서적으로 힘들어.
적성과 흥미	어떤 것을 좋아하고 잘해야 하는지 알아보기 예) 수의사는 동물의 상태를 이해하고 정서적인 교류를 할 수 있는 사람에게 적합해.
관련 직업	이 직업과 비슷하거나 연결되는 다른 직업도 알아보기 예) 수의사는 동물 질병 연구 관련 직업과 연결되어 있어.
미래 전망	20년 후에도 사라지지 않는지 알아보기 예) 반려동물을 키우는 가정이 많아지면서 수의사는 앞으로도 전망이 밝아.

깊이 생각해 보자! 상상력 퀘스트!

엄마, 아빠는 어떤 일을 하고 있을까? 부모님 중 한 분의 직업을 인터뷰해 보고, 아래 인터뷰지를 작성해 보자.

어릴 적 하고 싶었던 직업은 무엇이었나요?

그 직업을 선택하지 않은 이유가 있다면 무엇인가요?

현재 직업 이름은 무엇인가요?

지금 하는 일을 간단히 설명해 주세요.

이 일을 하면서 힘들었던 점은 무엇인가요?

이 직업을 갖기 위해 무엇을 배워야 하나요?

이 직업과 관련된 자격증이 있다면 무엇인가요?

앞으로 이 직업의 미래 전망은 어떻다고 생각하세요?

원배 쌤의 꿈 공략집

요즘은 '100세 시대'라고 해요. 한 사람이 직업을 두세 개씩 가지는 경우가 많지요. 선생님도 작가, 교사, 강연가로 활동하고 있답니다. 그래서 학생 때는 더 많이 경험하면서 다양한 분야를 배워 보는 것이 중요해요.

아직 관심 있는 직업이 없더라도, 학교에서 하는 진로 체험 활동에 적극적으로 참여해 보세요. 그래야 내 안에 숨어 있는 재능을 발견할 수 있답니다. 새로운 것에 겁내지 말고 스스로 도전하는 자세가 여러분을 더 멋지게 만들어 줄 거예요. 그런 경험이 모여 여러분의 꿈을 찾아가는 큰 힘이 될 거예요.

고정욱 작가의 지혜 한 스푼

나는 어릴 적 화가가 되고 싶었어요. 그러다 의사를 꿈꾸게 되었죠. 하지만 대학에 진학할 무렵, 장애인은 의대 진학이 어렵다는 말을 들었어요. 그래서 국어국문학과에 들어가 교수가 되려고 했어요. 그런데 그 길도 쉽지 않았고, 결국 나는 소설가가 되었답니다. 그리고 지금은 동화 작가로 알려졌죠.

어렸을 때는 꿈이 이렇게 여러 번 바뀔 줄 몰랐어요. 하지만 여러 분야에 관심을 가지고 진로를 고민했기 때문에 나에게 맞는 길을 계속 찾을 수 있었어요. 그래서 여러분에게 말하고 싶어요. 어른들이 어떤 일을 하고 어떤 꿈을 이루기 위해 노력하는지, 늘 관심 있게 살펴보세요. 그 안에 여러분이 갈 길에 대한 힌트가 숨어 있을지도 모르니까요.

Quiz

'꿈', '진로 탐색', '취업 준비'는 뭐가 어떻게 다른 걸까?

① 진로는 꿈, 취업은 돈
② 진로는 공부하는 것, 취업은 직장 다니는 것
③ 진로는 선택이고, 취업은 강요
④ 진로는 하고 싶은 일을 찾는 과정, 취업 준비는 직업을 가지기 위한 능력을 준비하는 과정

정답 ④ 진로는 나에게 맞는 일이 무엇인지 찾는 과정이고, 취업 준비는 하고 싶은 일, 즉 목표를 이루기 위한 구체적인 계획을 세우는 거야.

좋아하는 일을 직업으로 바꾸는 준비

　수업 시간에 선생님이 "진로랑 직업의 차이가 뭐야?" 하고 물어보면, 대부분 진로가 직업이고 직업이 진로라고 대답하더라고. 과연 그게 맞을까?

　선생님은 학생들이 공부 잘하게 도와주는 일을 해. 제빵사는 맛있는 빵을 만들고, 의사는 아픈 사람을 치료하지. 이렇게 돈을 받으면서 일정한 시간 동안 하는 일을 우리는 '직업'이라고 해.

　그렇다면 취업 준비는 뭘까? 취업 준비는 직업을 가지기 위해 미리미리 준비하는 거야. 예를 들어, 화가가 되고 싶으면 매일 그림 그리기 연습하면서 실력을 키우는 거지. 동물을 좋아해서 수의사가 되고 싶은 친구는 동물 책을 읽으며 돌보는 방법을 배우면 도움이 될 거야.

취업 준비는 영양분과 물을 주어 나무가 잘 자랄 수 있도록 돌보는 것과 같아. 좋아하는 것을 찾고, 잘하는 것을 끊임없이 탐구하는 노력이라고 할 수 있지.

진로 준비를 하는 일곱 단계

자신의 꿈을 단계별로 다가가다 보면, 자신이 원하는 진로 목표를 이룰 수 있어. 그러기 위해서는 어떻게 진로 목표를 세우고, 그 꿈을 이루기 위해 취업까지 어떻게 준비하면 좋을지 알아야겠지?

1단계는 자기 이해야. '나'를 잘 알아보는 거지. "내가 좋아하는 건 뭐지?", "내가 잘하는 건 뭘까?" 등 여러 질문을 해 보는 거야. 이런 질문에 고민하다 보면, 내 성격이나 재능이 조금씩 보여.

2단계는 직업 탐구야. 내가 어떤 일을 좋아하는지 알게 됐다면, 그것을 할 수 있는 직업을 찾아봐야 해. 예를 들어, 친구들에게 공부를 잘 가르쳐 주면 선생님이라는 직업이 잘 맞을 수 있어.

3단계는 목표 설정이야. 이전 단계에서 파악한 일이 구체적으로 어떤 분야인지, 그 분야에는 어떤 기업이 있는지 알아보는 단계야. 선생님이 되고 싶다고 생각했다면 초등학교, 중학교, 고등학교 중 어떤 학교의 선생님이 되고 싶은지 생각해 보는 거야. 또 어떤 과목을 가르치고 싶은지, 그러기 위해서는 무엇이 필요한지 탐색하는 거야.

4단계는 취업 전략을 짜는 거야. 이제는 꿈을 이루기 위해 필요한 기술, 교육을 어떻게 받을 수 있는지 찾아보고 계획하는 단계야. 수학 선생님이 되고 싶다면 대학에서 무슨 과를 가야 할까? 바로 수학교육과야. 그 외에도 필요한 자격증, 체험 같은 것을 하나씩 계획해 보는 거야.

5단계는 실천 점검이야. 계획만 세우고 끝나면 안 되겠지? 취업 준비는 하루이틀 만에 이루어지지 않아. 장기적으로 어떤 전략이 필요할지 생각해 보는 게 좋아. 가끔은 멈춰서 '나는 지금 잘 가고 있나?', '혹시 방향을 바꿔야 할까?' 하고 점검해야 해. 진로는 언제든지 바뀔 수 있어. 중간에 고민이 생기면 다시 앞 단계로 돌아가도 괜찮아.

6단계는 서류 준비야. 꿈을 이루기 위해 준비하던 것을 정리하는 단계지. 활동 일지, 발표 자료, 체험 보고서 같은 것을 잘 모아두고 나만의 방식으로 정리하는 거지. 나중에 대학이나 회사에 지원할 때 이 서류가 필요할 거야.

7단계는 면접 준비야. 내가 어떤 사람인지, 왜 이 일을 하고 싶은지 멋지게 말할 수 있어야 해. 나를 소개하는 자리에서 밝게 웃으면서 "나는 이 직업을 정말 좋아해요!"라고 자신 있게 말하는 거야.

취업할 때 가장 중요한 자기소개 팁

면접은 내가 가고 싶은 학교나 회사를 찾아가 처음으로 나를 직접 소개하는 자리야. 그렇기에 좋은 인상을 남기는 것이 중요하지. 그럼 면접을 잘하려면 자기소개를 어떻게 해야 할까?

먼저 밝은 얼굴로 자신 있게 말하는 것이 중요해. 처음 만났을 때 미소를 짓고 또박또박 말하면 듣는 사람에게 좋은 인상을 남기게 될 거야.

자기소개를 할 때는 "안녕하세요, 저는 ○○○입니다." 하고 이름부터 말하고, 내가 평소에 좋아하는 것이나 관심 있는 것을 자연스럽게 이야기해 보자. 예를 들면 "저는 동물을 좋아해서 동물원에 자주 가요."처럼 말이야.

그 후, 내가 잘하는 것을 이야기하면 돼. "저는 물건 정리를 잘해요.", "분위기에 맞게 교실을 꾸밀 수 있어요."처럼 내가 평소에 잘한다고 느낀 걸 솔직하게 말해 보자.

마지막으로 왜 이 일을 하고 싶은지 이야기해 보는 거야. 그냥 "하고 싶어요."가 아니라 "저는 책 읽는 것을 좋아해서 도서관 일을 해 보고 싶어요."처럼, 내 마음과 연결된 이유를 구체적으로 말하면 면접관도 네 이야기에 더욱 집중할 거야. 이 일에 왜 흥미를 느끼는지, 관심을 가지게 된 계기가 있는지 등을 설명하는 거야. "나는 책 읽는 것을 좋아하고, 정보를 찾는 데도 능숙합니다. 책을 깨끗하게 보관하고 정리하는 걸 좋아해서 도서관 일을 잘할 수 있을 것 같아요."라며 자신이 이 직업을 왜 원하고 있는지 자신 있게 표현하는 거야.

이렇게 자기소개를 잘 준비하면, 마치 반장 선거 때 친구들 앞에서 발표하듯, 면접관에게 멋진 나를 보여 줄 수 있을 거야.

깊이 생각해 보자! 상상력 퀘스트!

좋아하는 것만으로는 꿈을 이룰 수 없어. 정말로 그 꿈을 이루려면 몇 가지 단계를 차근차근 밟아야 해. 어떻게 하면 좋을지 생각해 보고, 아래 이력서를 채워 보자.

_____을 소개합니다.

이름:
나이:
전화번호:
지원 분야:

〈나는 이런 활동을 잘해요〉

〈나는 이런 분야에 관심이 있어요〉

〈나는 꿈을 위해 이런 활동을 했어요〉

〈나를 이렇게 소개합니다〉

원배 쌤의 꿈 공략집

우리 마음속에는 특별한 재능과 흥미가 숨어 있어요. 그림을 그리는 걸 좋아하거나 퍼즐을 맞추는 걸 즐기거나 친구를 돕는 게 기쁜 것처럼 말이에요. 이런 일이 바로 꿈의 씨앗이에요. 처음부터 멋지고 대단할 필요는 없어요. 아주 작은 일이라도 마음을 담아 계속하다 보면, 시간이 지나 울창한 숲처럼 꿈이 자랄 거예요. 그러기 위해서는 호기심도 필요하고, 노력도 필요하고, 때로는 참을성도 필요하죠. 잘 안되는 일이 있어도 끝까지 해 보려는 마음도 중요해요. 그렇게 하루하루 나를 조금씩 키워 가면, 어느 순간 훨씬 멋진 내가 되어 있을 거예요.

💡 고정욱 작가의 지혜 한 스푼

나는 어릴 때부터 그림 그리기를 좋아했어요. 만화 캐릭터를 뚝딱뚝딱 잘 그려서 친구들이 "와!" 하며 칭찬해 주고는 했지요. 대학생이 된 뒤에는 학교 신문에 만화를 사 년 동안 그렸어요. 만화를 좋아했던 그 마음이 계속 이어진 거죠.

어른이 된 지금도 그때 배운 그림 실력이 나에게 큰 도움이 되고 있어요. 동화책을 만들 때나 만화책을 만들 때, 내가 직접 이야기도 짜고 그림도 그릴 수 있으니까 정말 좋아요. 물론 전문 화가처럼 멋지게 그리지는 못해요. 그래도 내가 좋아하는 일을 오래오래 이어 가다 보면, 그게 나만의 멋진 직업으로 이어질 수도 있어요. 이 책의 만화도 내가 구상한 거랍니다.

Quiz

어른 중에는 자격증을 여러 개 따는 사람도 있어. 자격증이 많으면 왜 좋을까?

① 친구들에게 자랑할 수 있어서
② 직업에 필요한 기술에 대한 전문성을 보여 줄 수 있어서
③ 자격증 문서를 방에 걸어 두고 싶어서
④ 직업 이름 옆에 멋진 수식어처럼 보여서

정답 ❷ 사회에서 필요한 공부를 마쳤다는 사실을 증명하는 것이 졸업장이듯, 자격증은 직업을 위해 필요한 기술과 지식을 갖췄다는 증거가 되기에 중요해.

자격증으로 직업 전투력 업그레이드!

우리 모두 각자의 꿈이 있어. 누군가는 멋진 요리사가 되고 싶고, 누군가는 유튜버가 되고 싶을 거야. 어떤 친구는 우주 비행사를 꿈꾸기도 하지. 하지만 꿈을 이루려면 그냥 좋아하기만 해서는 안 돼. 배우고, 연습하고, 준비하는 과정이 꼭 필요해. 그 과정 중 하나가 바로 '자격증'이라는 거야.

==자격증은 "나는 이 일을 잘할 수 있어요!"라고 말해 주는 증거야.== 그래서 의사가 되려면 의사 면허증이 있어야 하고, 선생님은 교사 자격증이 있어야 해. 멋진 요리사도 요리 자격증이 필요

하지.

이렇게 자격증은 꿈꾸는 일을 시작할 수 있도록 도와주는 마법의 열쇠인 동시에, 그 일을 제대로 배웠다는 걸 보여 주는 무적의 열쇠야.

자격증, 왜 중요할까?

자동차를 고치는 정비사로 일할려면 손님에게 자동차를 잘 아는 사람이란 걸 보여 줘야겠지. 그럴 때 자격증이 있으면 '나는 자동차를 잘 고칠 수 있어요.'라는 것을 다른 사람에게 증명할 수 있어. **자격증이 있으면 원하는 일을 할 수 있는 기회가 많아지고, 사람들이 더 신뢰하지.**

초등학생도 자격증을 취득할 수 있어. 컴퓨터, 인터넷 등 기술이 우리 생활에 아주 중요해지고 있잖아. 특히 컴퓨터와 관련된 자격증은 지금부터 따 두면 정말 유용해.

대표적인 컴퓨터 관련 자격증으로는 '정보처리기능사', '디지털 리터러시 지도사', '컴퓨터 활용 능력 자격증' 등이 있어. 이 자격증들은 컴퓨터와 관련된 기술과 지식을 평가하지. 이런 자격증을 따면, 나중에 학교에서도 회사에서도 아주 큰 도움이 될 거야.

초등학생이 취득할 수 있는 컴퓨터 자격증	
정보처리 기능사	컴퓨터의 기본 사용법부터 데이터 관리, 문서 작성 등 실제로 자주 활용하는 기술을 배워. 자격증 취득 후에 컴퓨터의 다양한 기능을 이해하는 데 도움이 돼.
디지털 리터러시 지도사	인터넷 사용, 이메일 작성, 소프트웨어 활용 등 인공 지능 시대에 필요한 기본적인 디지털 기술을 익힐 수 있는 자격증이야. 디지털 환경에 적응과 효과적인 온라인 소통을 도와줘.
컴퓨터 활용 능력 자격증	문서 작성, 엑셀 활용, 파워포인트 사용 등 일상적인 컴퓨터 활용 능력을 평가해. 초등학생을 대상으로 하는 시험에서는 기본적인 컴퓨터 작업을 효과적으로 수행하는 방법을 익혔는지 평가해.

이외에 다른 자격증은 큐넷(www.q-net.or.kr)이라는 사이트에서 알아볼 수 있어. 이 사이트는 한국산업인력공단이라는 국가 기관에서 운영하는 사이트로, 자격증 시험 일정, 자격증 종류, 준비 과정 등이 자세히 나와 있어. 어떤 자격증이 있는지 궁금하면 자세하게 살펴봐.

초등학교 때부터 컴퓨터 자격증을 따면 어떨까? 가장 먼저 자신감이 생겨. 어릴 때 자격증을 따 두면 중학교나 고등학교에 진학할 때도 도움이 되고, 나중에 직업을 선택할 때도 큰 힘이 되지. 요즘은 어떤 일을 하든 컴퓨터를 잘 다루는 능력이 정말 중요해. 컴퓨터 자격증이 있으면 나중에 일을 시작할 때도 훨씬 유리하겠지.

내가 커서 어떤 일을 하고 싶은지 생각해 보고, 그 일을 하려면 어떤 자격증이 필요한지 미리 알아보는 게 좋아. 그리고 지금부터 하나씩 차근차근 준비해 보는 거야. 꿈을 이루기 위해 자격증을 준비하는 일이 조금 어렵게 느껴질 수도 있어. 하지만 새로운 것을 배우는 멋진 모험이기도 하단다. 조금씩 나아가다 보면, 어느새 너희가 꿈에 가까워져 있는 자신을 발견할 수 있을 거야.

자격증이 필요한 직업

스포츠 트레이너, 운동 감독, 경찰관, 경호원, 소방관, 응급 구조사, 가전제품 수리원, 도배원, 메타버스 크리에이터, 빅 데이터 전문가, 스마트 팜 운영자, 전자 공학 기술자, 게임 기획자, 측량사, 푸드 매니저, 가축 사육사, 동물 조련사, 반려동물 미용사, 보석 감정사, 한복 제조원, 플로리스트, 디자이너, 웹 디자이너, 건축사, 도시 재생 전문가, 영양사, 사서, 제과 제빵사, 요리사, 푸드 스타일리스트, 물리 치료사, 사회 복지사, 심리 상담사, 드론 조종사

자격증 없어도 되는 직업

직업 군인, 의료 장비 기사, 로봇 윤리학자, 컴퓨터 게임 시나리오 작가, 프로 게이머, 게임 방송 프로듀서, 모델, 가수, 배우, 무용가, 댄서, 성악가, 조각가, 화가, 작곡가, 작가, 만화가, 홀로그램 전문가, 유튜버, 캐릭터 디자이너, 출판 기획자, 사진작가, 행사 운영 기획자, 방과 후 강사, 팻시터, 보드게임 개발자, 인테리어 스타일리스트, 테마파크 기획자

깊이 생각해 보자! 상상력 퀘스트!

내가 되고 싶은 모습을 떠올리며 나만의 캐릭터를 만들어 보자. 아래 내용에 따라 그림을 함께 채워 봐.

머리 ➔ 내가 꿈꾸는 직업 이름을 써 보자.

가슴 ➔ 그 직업을 가지기 위해 배워야 할 것을 써 보자.

양팔 ➔ 이 꿈을 이루기 위해 따면 좋은 자격증을 써 보자.

두 다리 ➔ 앞으로 해 보고 싶은 체험 활동과 읽고 싶은 책을 써 보자.

원배 쌤의 꿈 공략집

우리는 각자 다른 꿈을 가지고 있어요. 그 꿈을 이루기 위해 해야 할 일은 모두 다르죠. 어떤 꿈은 자격증이 꼭 필요하고, 어떤 꿈은 자격증 없이도 이룰 수 있어요.

자격증은 내가 원하는 직업에 다가갈 때 큰 힘을 줘요. 자격증 하나로, 그 분야에 전문가라는 것을 증명할 수 있죠. 하지만 더 중요한 것은, 내가 그 일을 얼마나 좋아하고 열심히 하느냐예요. 어떤 꿈이든 자신이 하고 싶은 일에 몰입하여 열심히 실력을 쌓고 경험을 늘려 가면 내가 정한 방향으로 한 걸음씩 나아갈 수 있어요.

💡 고정욱 작가의 지혜 한 스푼

어떤 친구는 "나는 공부 못하니까 제과 제빵사가 될 거야!" 하고 말했어요. 이 친구들은 이 직업이 공부하지 않아도 된다고 생각한거죠. 하지만 이 직업도 꼭 공부가 필요해요. 제과 제빵사는 재료를 정확한 비율로 섞어야 하고, 오븐 온도와 시간을 잘 맞춰야 하지요. 이 작업은 모두 수학이나 과학과 관련되어 있어요.

어떤 직업이든 국가에서 인정하는 자격증이나 면허증이 필요할 수 있어요. 그러니까 "이 직업은 공부 안 해도 돼!" 하고 쉽게 생각하면 안 돼요. 모든 꿈은 그만큼 준비와 노력이 필요하다는 걸 꼭 기억하세요.

Quiz

좋아하는 일이 바로 잘할 수 있는 일이래. 그럼 진짜 좋아하는 것을 찾으려면 어떻게 하면 될까?

❶ 매일 똑같은 게임만 하기
❷ 아무 생각 없이 하늘 보기
❸ 친구가 좋아하는 것을 무조건 따라 하기
❹ 다양한 활동을 시도하며 재미있는 일을 찾아보기

정답 ❹ 내가 무엇을 좋아하는지 모를 수 있어. 그럴 때는 학교에서나 가정에서 다양한 활동에 참여하면 자신이 흥미를 느끼는 분야를 발견할 수 있을 거야.

좋아하는 일을 찾아서!

'보물'이라는 단어를 들으면 어떤 생각이 들어? 금과 보석이 숨겨진 상자? 만약 우리가 탐험가라면 보물을 찾기 위해 세상 끝까지 다니면서 돌아다닐지도 몰라. 보물을 발견하면 어떤 기분일까? 당연히 하늘을 나는 것처럼 행복하겠지.

우리의 삶도 각자 가슴속에 숨겨져 있는 보물을 찾는 과정이라고 말할 수 있어.

이 보물을 찾으면 꿈을 향해 가는 과정을 기쁨으로 가득 채울 수 있을 거야. 선생님이 방법을 알려 줄게.

우리 안에 보물은 어떻게 찾아야 할까?

1단계는 단서를 찾아야 해. 보물은 아무 데서나 발견되는 것이 아니야. 수업 시간이나 놀이할 때, 재미있어서 시간 가는 줄 몰랐던 활동이 있어? 악기를 배울 때일 수도 있고, 축구할 때일 수도 있고, 책을 몰입해서 읽을 때일 수도 있겠지. 이런 신나는 순간이 바로 네 마음속 보물이 숨겨진 장소야.

2단계는 발굴을 위해 도구를 사용해 보는 거야. 탐험가가 도구로 땅을 파듯, 우리도 다양한 활동으로 나를 알아봐야 해. 음식을 좋아하면 집에서 요리해 볼 수 있겠지. 기타리스트가 되고 싶다면 기타를 배워 보기도 하고 말이야. 내면에 숨겨진 꿈과 끼를 발굴하기 위해 끊임없이 경험하고 도전하는 거야.

3단계는 반짝이는 순간을 알아채는 거야. 어떤 일을 하다가 기분이 좋아지고 계속하고 싶다면, 그게 바로 너만의 금빛 순간이야. 그 순간을 '어? 나 이거 좋아하는 것 같아!' 하고 눈여겨보는 게 중요해.

4단계는 계속해서 발굴하는 거야. 단서를 찾았다고 멈추면 안 돼. 더 깊이 파고들어야 진짜 보물이 나오거든. 요리가 좋으면 요리 자격증도 따고, 책이 좋으면 작가가 되기 위해 글쓰기도 연습해 보는 거지. 이렇게 계속 나아가면 멋진 전문가가 될 수 있어!

내가 찾은 보물, 어떻게 진로로 이어질까?

앞에서 찾은 나의 보물을 미래 직업으로까지 연결해 보자. 우리는 앞으로 무엇을 해야 할지 혼란스러울 때가 많아. 사람들은 "잘하는 일을 해야 해!" 혹은 "즐거운 일을 해야 해!"라고 말하지만, 사실 좋아하는 일을 꾸준히 하다 보면 잘하는 일이 될 수도 있어. 그러니 우리가 정말 즐겁고 행복하게 느끼는 활동이 무엇인지 먼저 찾는 게 가장 중요해. 그럼 그걸 어떻게 찾을 수 있을까?

생활 속에서 찾아보자. 평소 내가 가장 관심 가졌던 활동을 떠올려 봐. 가족과 함께 쇼핑몰에 갔을 때 어떤 코너에 오래 머물렀는지, 서점에 갔을 때 어떤 책을 제일 흥미롭게 봤는지, 학교 수업에서 어떤 과목을 가장 좋아했는지 등 말이야.

내가 무엇을 좋아하는지 잘 기억하려면 어떻게 해야 할까? 바로 매일 메모나 일기를 쓰는 거야. 일주일 단위로 계획을 작성해서 할 일을 정리해도 좋아. 이렇게 모은 나만의 기록은 앞으로 진로를 정하거나 꿈을 구체화할 때 큰 도움이 될 거야.

깊이 생각해 보자! 상상력 퀘스트!

지금까지 한 번도 해 본 적은 없지만, 꼭 해 보고 싶은 활동이 있어? 있다면 아래 칸에 적어 보자.

활동	필요한 목록	다시 해 보고 싶을까?

스스로 자랑스러웠던 기억이 있어? 그 순간을 떠올려 보며, 그 당시의 하루 일기를 써 보자.

원배 쌤의 꿈 공략집

좋아하는 것이 지금 당장 떠오르지 않아 불안할 수 있어요. 하지만 우리가 자세히 살펴보면 마음속 어딘가에 숨어 있을 거예요. 평소 내가 자주 하는 일과 생각, 자주 가는 장소를 한번 떠올려 봐요. 그 안에 힌트가 숨어 있을지도 몰라요.

또 한 가지, 스스로를 소중하게 여기세요. 내가 나를 아끼고 사랑하면, 새로운 것에도 더 쉽게 도전할 용기가 생길 거예요. 매 순간 씩씩하게 열심히 살다 보면, 언젠가 분명히 '아, 나 이거 진짜 좋아하는구나!' 하는 순간이 찾아올 거예요.

💡 고정욱 작가의 지혜 한 스푼

강연을 가면 꿈이 없다고 말하며 초조한 표정을 짓는 아이가 많아요. 주위에 몇몇 친구는 이미 꿈을 가지고 있기 때문이죠.

물론 꿈을 빨리 가지면 좋아요. 하지만 꿈이 아직 없다고 기죽을 필요는 없어요. 꿈을 정하지는 못했어도 무엇을 좋아하는지, 어떤 일을 할 때 즐거운지는 스스로 잘 알 거예요. 그렇다면 그쪽에 계속 관심을 가지세요. 만들기를 좋아하면, 공장도 가 보고 기술자도 만나 보고 멘토링도 받아 보면서 작게나마 경험해 보세요. 그러다 보면 서서히 꿈이 모습을 드러낼 거예요.

Quiz

진로는 한번 선택하면 쉽게 바꾸기 어려워. 진로를 선택할 때 중요하게 생각해야 할 특성은 무엇인가?

① 가장 멋지게 보이는 직업
② 친구가 나에게 추천해 준 직업
③ 나를 가장 행복하게 만들어 주는 음식
④ 내 성격과 잘 맞고 흥미가 있는 일

정답 ④ 내가 하기 싫거나 관심 없는 일을 진로로 선택할 수는 없어. 진로는 흥미와 적성, 그리고 성격에 맞는 것을 선택해야 해.

성격이 이끄는 직업의 길

흥미는 내가 좋아하는 것이나 관심 있는 것을 말해. 피자 토핑에 비유할 수 있지. 어떤 친구는 치즈피자를 좋아하고, 다른 친구는 페퍼로니를, 또 다른 친구는 파인애플을 좋아할 수도 있어. 이렇게 각자 좋아하는 피자 종류가 다르듯이, 우리도 즐거워하는 활동이나 관심사가 다를 수 있는 거야. 예를 들어, 어떤 친구는 축구가 재미있고, 어떤 친구는 책 읽는 게 좋고, 또 어떤 친구는 로봇 만들기를 좋아할 수도 있지.

그럼 적성이란 무엇일까? **적성은 내가 잘하거나 쉽게 배울 수**

==있는 것을 말해.== 마치 나만의 특별한 재능이라고 할 수 있어. 슈퍼맨처럼 하늘을 날거나 스파이더맨처럼 거미줄을 쏘는 능력은 아니지만, 퍼즐을 잘 맞출 수도 달리기를 잘하거나 피아노를 잘 칠 수 있지. 각자 자기가 잘하는 일이 있다는 것, 그게 바로 적성이야.

성격은 무엇일까? ==성격은 내가 어떻게 행동하고, 다른 사람과 어떻게 어울리며, 세상을 어떻게 바라보는지를 보여 주는 나만의 특별함이야.== 사람마다 활발한 성격, 조용한 성격, 호기심 많은 성격, 친절한 성격 등 모두 다 다른 성격을 가지고 있어.

성격은 왜 중요할까? 성격은 우리를 특별하게 만들어 주기 때문이야. 나쁜 성격은 없어. 성격 덕분에 우리는 모두 다르지만 서로 도울 수도 있고 배울 수도 있거든.

흥미 유형으로 나를 알아보자

흥미는 여섯 가지 유형으로 분류할 수 있어. 자신이 어떤 유형인지 파악하면, 적합한 전공과 직업 분야를 찾는 데 도움이 될 거야.

==현실형(Realistic)== 은 몸으로 움직이는 활동을 좋아하고 손으로 무언가를 만들거나 고치는 걸 잘해. 기계나 도구를 다루

는 것도 좋아하지. 대표적인 직업으로는 운동선수, 소방관, 엔지니어 등이 있어.

탐구형(Investigative) 은 궁금한 것이 많고 문제를 해결하기 위해 아이디어를 내고 실험하고 생각하는 것을 좋아해. 숫자나 과학, 퍼즐 같은 것도 재미있어하지. 대표적인 직업으로는 과학자, 물리학자, 의사 등이 있어.

예술형(Artistic) 은 그림 그리기, 만들기, 노래 부르기 등을 좋아해. 정해진 틀보다는 자기만의 방식으로 마음을 표현해. 상상력이 풍부하고 창의적인 일을 즐기지. 대표적인 직업으로는 작곡가, 배우, 소설가 등이 있어.

사회형(Social) 은 다른 사람을 도와주며 친구의 고민을 들어 주거나 봉사하는 일을 좋아해. 모둠 활동을 즐기기도 해. 대표적인 직업으로는 교사, 간호사, 상담사, 사회 복지사가 있어.

진취형(Enterprising) 은 다른 사람을 설득하고 관리하는 일을 좋아해. 사람들 앞에서 이야기하는 일을 좋아하지. 대표적인 직업으로는 정치인, 판사, CEO 등이 있어.

관습형(Conventional) 은 규칙을 잘 지키고 정리정돈을 잘해. 숫자나 자료를 정확하게 정리하는 것도 좋아하지. 계획에 따라 일하는 것을 좋아하기도 해. 대표적인 직업으로는 회계사, 은행원, 공무원 등이 있어.

적성은 어떻게 나눌 수 있을까?

적성도 흥미 유형과 마찬가지로, 개인의 능력, 흥미, 적합성에 따라 열 가지로 나누고 있어.

`언어 능력`은 말하기나 글쓰기를 좋아하고 잘하는 능력이야. 자신의 생각을 논리적으로 표현하거나 이야기를 재미있게 하는 사람이지. 대표적인 직업으로는 기자, 교사, 작가, 아나운서 등이 있어.

`음악 능력`은 노래 부르기, 악기 연주 등 음악을 즐길 줄 아는 능력이야. 대표적인 직업으로는 작곡가, 가수, 피아니스트, 음악 선생님 등이 있어.

`창의 능력`은 새로운 아이디어를 떠올리거나 상상하는 걸 잘하는 능력이야. 평범한 것보다 특별한 걸 만드는 것을 좋아하는 친구들이 여기에 속하지. 대표적인 직업으로는 컬러리스트, 만화가, 광고 디자이너, 애니메이터 등이 있어.

`자연 친화 능력`은 동물, 식물, 환경 등 자연을 관찰하고 탐구하는 것을 좋아하는 능력이야. 동물 관찰을 좋아하는 친구들이 해당하지. 대표적인 직업으로는 수의사, 동물 조련사, 환경 운동가, 생명 공학자 등이 있어.

`신체·운동 능력`은 몸을 잘 다루고 운동을 잘하는 능력이야.

체육 시간이나 쉬는 시간에 운동장에서 넘치는 에너지로 뛰어난 실력을 보여 주는 친구들이 해당해. 관련 직업으로는 운동선수, 무용가, 체육 선생님, 소방관 등이 있어.

　<mark>자기 성찰 능력</mark> 은 자신의 감정을 파악하고 스스로 잘 돌아보는 능력이야. 관련 직업으로는 종교인, 상담사, 철학자 등이 있어.

　<mark>대인 관계 능력</mark> 은 친구들과 잘 어울리고 다른 사람의 마음을 잘 이해하는 능력이야. 친구 사이에서 인기가 많고 이야기 나누는 걸 좋아하는 친구들이 이 유형에 속하지. 대표적인 직업으로는 영업직, 여행 안내원, 리더십 코치 등이 있어.

　<mark>손 재능</mark> 은 손으로 만들거나 고치는 걸 잘하는 능력이야. 관련 직업으로는 목수, 요리사, 정비사, 공예가, 치과 의사 등이 있어.

　<mark>공간 지각 능력</mark> 은 머릿속으로 사물의 형태와 이미지를 그리며 생각할 수 있는 능력이야. 그림 그리거나 건물 모형을 만드는 것을 좋아하는 친구들이 해당해. 대표적인 직업으로는 건축가, 도시 설계 전문가, 게임 디자이너, 측량사, 인테리어 디자이너 등이 있어.

　<mark>수리·논리 능력</mark> 은 숫자나 문제를 논리적으로 생각하고 해결하는 능력이야. 관련 직업으로는 수학자, 회계사, 외환 딜러,

컴퓨터 프로그래머 등이 있어.

나와 친구를 이해하는 성격 여행

성격도 말과 행동을 하는 방식에 따라 아홉 가지로 나누고 있어. 이 분류는 '에니어그램'으로 지성, 감성, 의지 중에 어느 것이 강하고 약한지에 따라 나눈 거야.

`개혁자` 는 원칙을 지키고, 틀린 것을 바로 잡으려고 해. 잘못된 문제를 발견하면 바로 고치고 싶어 하는 사람이지.

`도와주는 친구` 는 다른 사람을 잘 보살피고 함께하는 걸 좋아하는 사람이야. 힘들어 하는 친구에게 "괜찮아? 무슨 일 있어?"라고 물어보고 도와주는 사람이지.

`목표 성취자` 는 목표를 세워 끝가지 해 내는 사람이야. 운동회에서 달리기 1등을 목표로 정하고 꾸준히 연습하는 친구가 이 유형에 속해.

`개인주의자` 는 자신에 대한 생각이 많고 신중하고 조용해. 남들과 다른 자신만의 모습을 좋아하지. 하늘을 그릴 때 하늘색보다는 분홍색과 보라색을 섞어서 자신만의 방식으로 멋지게 표현하는 사람이 이 유형이야.

`탐구자` 는 호기심이 많아서 모르는 건 꼭 찾아보고 배우는

걸 좋아하는 사람이야. 일상에서 다양한 것을 탐구하고 관찰하는 유형이야.

든든한 지킴이 는 안전을 추구하는 유형으로, 믿음직하고 약속을 잘 지키며 공동체 의식이 강해. 이 유형에 속한 사람들은 정이 많고 다른 사람을 잘 돌보지.

열정적인 사람 은 늘 밝고 새로운 도전을 즐겨. 놀이공원에서도 롤러코스터, 바이킹 등을 타면서 끊임없이 재미를 찾고 경험을 쌓으려고 해.

도전하는 사람 은 친구들을 이끄는 리더십 있는 사람들을 말해. 학교에서 조별 활동을 하면 앞장서서 모둠장을 맡아 친구들을 이끌어.

평화 지킴이 는 다툼을 싫어하고 모두가 사이좋게 지내길 바라는 유형이야. 이들은 친구들에게 신뢰를 주며 불만을 쉽게 표출하지 않아. 친구들이 다투면 가운데에서 화해하게 만드는 친구가 이 유형에 해당하지.

아홉 가지 중 나는 어떤 유형의 성격이 두드러지게 보일까? 내 성격을 파악하면 스스로를 더 잘 이해하고 나만의 장점을 키울 수 있어. 다른 사람들의 성격도 더 깊이 알고 존중할 수 있지. 에니어그램 유형을 보고, 내 성격은 어떤 부분이 강하고 약한지 알아보자.

깊이 생각해 보자! 상상력 퀘스트!

흥미 스타일 테스트

아래 목록에서 내가 좋아하는 활동에 체크(✓)를 해 보자.

- ☐ 그림 그리기나 색칠하기
- ☐ 책 읽기
- ☐ 운동하기
- ☐ 퍼즐 풀기
- ☐ 비디오 게임 하기
- ☐ 동물 돌보기

내가 가장 즐거워하는 활동을 세 가지만 뽑고, 그 활동이 어떤 흥미 유형과 연결될지 적어 봐.

적성 탐색 테스트

아래 목록에서 내가 잘하는 활동에 체크(✓)를 해 보자.

- ☐ 그림 그리기나 작품 만들기
- ☐ 다른 사람에게 설명하기
- ☐ 수학 문제 풀기
- ☐ 달리기나 운동하기
- ☐ 기억을 잘하기
- ☐ 새로운 친구 사귀기

내가 가장 잘하는 활동을 세 가지만 뽑고, 그 활동이 어떤 흥미 유형과 연결될지 적어 봐.

원배 쌤의 꿈 공략집

흥미와 적성을 탐색하면서 자신을 조금 더 알게 되기를 바라요. 자신이 좋아하는 활동이나 재능을 알고 있는 친구도 있을 거고, 아직 모르는 친구도 있을 거예요. 아직 찾기 못했다고 힘들어할 필요는 없어요. 흥미와 적성은 언제든지 새로 생길 수도 바뀔 수도 있거든요. 주변 환경에 따라 관심 분야가 변하면서 흥미와 적성도 달라져요. 변화는 자연스러운 일이니, 언제나 호기심을 갖고 새로운 것에 도전하며 여러분의 가능성을 믿으세요.

💡 고정욱 작가의 지혜 한 스푼

어린이는 왜 차분하지 못하고 호기심이 많을까요? 그건 아직 두뇌가 고정되지 않아서 다양한 분야에 관심을 갖고 있기 때문이에요. 그래서 흥미와 적성도 쉽게 파악할 수 없지요. 서서히 성장하면 자신과 잘 맞는 분야에 관심과 노력이 집중되고 그 분야로 능력이 강화돼요. 그러니까 지금은 힘닿는 대로 이것저것 넓게 경험해 보고 도전해 보세요.

나는 중학교 때 라디오나 무전기 만드는 것에 관심이 많았지만, 지금은 글 쓰는 작가가 되어서 글에만 관심을 집중하잖아요. 이렇게 특기 적성은 변하면서 움직이는 거예요.

Quiz

내 안에 있는 소중한 가치를 찾는 건, 땅속에서 반짝이는 보석을 발견하는 것과 같아. 그렇다면 나만의 보석은 어떻게 찾을 수 있을까?

① 친구와 점수를 비교한다.
② 자신의 단점만 적어 본다.
③ 자신의 경험과 강점을 생각하며 자신만의 특별함을 찾는다.
④ 부모님께 "내 가치는 뭐야?"라고 묻는다.

정답 ❸ 자신의 가치는 저절로 알게 되는 게 아니야. 경험과 강점을 통해 발견하고 깨달을 때 더 의미가 있어.

내 가치로 완성하는 직업 지도

 선생님은 초등학생 때 축구를 잘했어. 그래서 축구에 재능이 있다고 느꼈지. 음식 욕심이 없어서 친구들과 음식을 먹을 때는 많이 양보했던 것 같아.

 우리 모두 자신이 특별하다고 느낀 순간이나 친구들에게 배려한 적이 있을 거야. 그리고 남을 도와주는 마음, 친구들을 웃게 만드는 능력, 재능 있는 운동 등 각자 특별하게 생각하는 능력이나 마음도 있을 거야. 그 특별함을 '가치'라고 불러.

 어떤 사람은 정직을 가장 중요한 가치로 여길 수 있고, 또 어떤 사람은 성공을 더 중요하게 생각할 수도 있어. 가치는 누군가와 비교하거나 따라 해서 생기는 것이 아니라 나만이 가진 생각을 찾는 거야.

가치관 은 개인이나 사회가 소중하게 여기는 가치에 대한 태도를 말하는 거야. 쉽게 말해서 무엇이 옳은 것인지, 무엇이 나쁜 것인지, 어떤 것이 바람직한 행동인지에 대한 생각을 의미하지. 가치관은 우리가 세상을 바라보는 눈을 만들고, 일상을 살아갈 때 선택과 행동에 큰 영향을 미치기도 해.

가족, 친구, 교육, 문화, 사회적 경험 등 태어나고 어른이 되면서 겪는 과정은 모두 가치관 형성에 영향을 미쳐. 어린 시절에는 부모님이나 주변 사람의 말과 행동, 가르침을 통해 자연스럽게 자신의 가치관이 형성하지. 또한 학교 활동을 통해 규칙, 도덕 등을 배우며 새로운 가치관이 생기고 변해.

올바른 가치와 가치관은 삶에서 중요한 역할을 해. 가치관이 뚜렷할수록 더 명확한 진로 목표를 가지고 즐거운 삶을 살 수 있어. 인간관계에서도 비슷한 가치관을 가진 사람은 서로 더 긴밀해지고 의미 있는 관계로 발전할 가능성이 높지.

그럼 올바른 가치관은 어떻게 만들 수 있을까? 가장 먼저 자신의 가치관을 이해해야 해. 그러기 위해서는 자기 성찰이 필요하지. 일상생활에서 자신이 중요하게 여기는 가치가 무엇인지, 그것이 왜 중요하고 소중한지 고민해 보는 거야.

또한 다양한 사람들과 관계를 맺고 소통하면서 나와 다른 가치관을 이해하고 자신의 가치관을 확장할 수 있는 기회를 가지는 것도 좋은 방법이지.

가치에는 어떤 종류가 있을까?

사람마다 자신이 의미 있게 생각하는 부분이 달라. 그렇기 때문에 사람마다 가치가 종류가 나뉘어. 일곱 가지로 나누어 설명해 줄게.

자기 지향 가치는 자신을 돌보고 스스로를 사랑하는 거야. '내가 좋아하는 책을 읽고 싶어.'라고 생각하는 것도 자기 지향 가치라고 말해.

성취 가치는 목표를 이루기 위해 노력하고 그 결과에 만족하는 과정을 중요하게 여기는 가치야. 시험에서 좋은 성적을 받거나 운동 경기에서 이기려고 열심히 노력하는 사람들이 이 유형에 해당하지.

성숙 가치는 더 나은 사람이 되려고 노력하는 가치를 말해. '내가 잘못했으니까 사과해야겠다.'라는 태도가 이 종류의 가치에서 나온 행동이지.

쾌락 가치는 재미있고 행복하게 사는 것을 중요하게 생각하는 가치야. 친구와 신나게 놀거나 재미있는 영화를 보는 것도 쾌락 가치라고 할 수 있지.

안전 가치는 자신과 다른 사람의 안전을 중요하게 생각하는 가치야. 교통 규칙을 잘 지키거나 위험한 행동을 피하는 것이 이에 해당하지.

조화 지향적 가치는 친구나 가족과 사이좋게 지내고 다 함께 행복하게 사는 것을 중요하게 생각하는 가치를 말해. 친구가 속상할 때 위로해 주는 행동이라고 할 수 있어.

자연 친화적 가치는 자연을 사랑하고 아끼는 마음이야. 나무를 심거나 쓰레기를 줄이는 행동은 자연 친화 가치를 실천하는 거라고 할 수 있지.

누구나 자신이 소중하게 여기는 가치를 가지고 있어. 그 가치는 하나씩 찾아 가고 키워 나갈 수 있는 거야. 지금 당장 잘 모르더라도 괜찮아. 앞으로 여러분이 좋아하는 일을 하면서 더 많은 가치를 발견하게 될 거니까.

올바른 가치관을 가지면 나만 생각하지 않고 함께 살아가는 사회에서 남도 도울 수 있어. 어릴 때부터 올바른 생각과 행동을 익히면 미래에 멋진 어른이 될 수 있을 거야.

올바른 가치관 형성을 위한 활동	
감사 일기 쓰기	하루에 한 가지 이상 감사한 일을 적으면 평소에 긍정적인 태도를 유지할 수 있어.
역할 바꾸기 활동	친구나 부모님, 선생님의 입장이 돼 보는 역할극을 해 보자. 배려심과 공감 능력을 기를 수 있을 거야.
나눔 통장 만들기	용돈의 일부를 저금통에 모아 도움이 필요한 곳에 기부하며 나눔의 가치를 체험해 볼 수 있어.
도와주기 챌린지	일주일 동안 가족이나 친구를 도와준 일을 기록하며 다른 사람을 돕는 습관을 길러 보자.
친구 칭찬 챌린지	친구의 장점을 찾아 칭찬 쪽지를 써 주자. 긍정적인 관계와 존중의 태도를 기를 수 있어.
약속 지키기 챌린지	하루에 하나의 약속을 지키고 실천 여부를 체크하자. 책임감과 성실함을 익힐 수 있어.
역사 속 인물 따라잡기	위인전 속 인물의 가치 있는 행동을 조사하고 그 행동을 따라해 보자.

깊이 생각해 보자! 상상력 퀘스트!

아래는 우리가 크면서 꼭 기억해야 할 가치야. 아래 단어 가운데 두 개를 선택하고 그 이유를 적어 봐.

사랑　정돈　협동　공감　양심　배려　약속
끈기　성실　자유　지혜　아름다움　행복　부지런함

가치 단어	
이유	

가치 단어	
이유	

위에서 고른 두 가지 가치를 담아 문장을 만들어 보자.

관용	내 물건을 망가뜨린 친구에게 "친구야, 괜찮아. 일부러 그런게 아니잖아."

원배 쌤의 꿈 공략집

친절, 존중, 정직, 용기, 봉사와 같은 긍정적인 마음가짐을 가지고 있으면 일상이 즐겁고 기쁠 거예요. 친절을 베풀면 세상은 더 따뜻해지고, 정직하게 행동하면 믿음을 얻게 되며, 존중하는 마음을 가지면 좋은 친구들을 만나고, 용기를 내면 어려움도 이겨 낼 수 있지요.

'가치'는 삶의 방향성을 알려 주는 나침반과 같아요. 어려운 상황에 놓일 때도 있고, 어떤 선택을 해야 할지 고민될 때도 있을 거예요. 그 순간에 여러분의 마음가짐이 올바른 길을 찾을 수 있도록 도와줄 거예요.

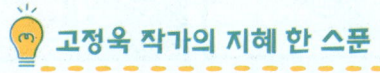

고정욱 작가의 지혜 한 스푼

"땡! 오답입니다."

강연에서 난센스 퀴즈를 맞히겠다고 손 든 아이가 틀렸어요. 그러니까 다른 아이들이 맞히겠다고 손을 마구 들었지요. 그때 나는 놀라고 말았어요. 방금 틀린 답을 말한 아이가 자기 뺨을 세게 몇 차례 때리는 게 아니겠어요. 이럴 수가, 퀴즈 틀렸다고 자기 뺨을 자기가 때리다니요.

우리는 이 세상에서 가장 존엄한 존재예요. 틀리거나 실수하면 다시 시도하면 되는 거지요. 스스로를 귀하게 여기는 훈련은 평소에 해야 해요. 나 자신을 상처 주거나 벌주는 행동은 절대 하지 마세요. 그건 그 누구에게도 도움이 되지 않는 행동이랍니다.

Quiz

큰 산도 한 걸음씩 오르고 또 오르면 꼭대기에 올라갈 수 있어. 전문가가 되기 위한 열정과 끈기를 키우는 가장 좋은 방법은?

1. 무조건 참는 연습만 한다.
2. 매일 새로운 것을 시작하기만 한다.
3. 금방 포기하지 않겠다고 매일 다짐만 한다.
4. 좋아하는 것을 한 번 해보고 재미없으면 그만둔다.
5. 관심 있는 일을 꾸준히 반복하며 도전하는 연습을 한다.

정답 ❺ 일을 성공하게 도와주는 것은 열정과 끈기야. 이건 자신이 흥미를 느끼는 일을 꾸준히 반복하며 도전하는 과정에서 길러져.

끝날 때까지 끝난 게 아니야

아주 오래전 중국에 '이백'이라는 시인이 있었어. 시인은 처음부터 시를 뛰어나게 짓지는 못했다고 해. 그도 여느 아이들처럼 공부보다 노는 것에 마음을 빼앗겼어. 이백의 아버지는 매일 놀기만 하는 이백을 보고 상의산이라는 곳으로 보내 공부를 시켰어. 산속에서 과외하며 시를 배우게 된 거지.

얼마 되지 않아 싫증이 난 이백은 공부를 포기하고 산을 내려가기로 했어. 산을 거의 다 내려왔을 때쯤 계곡물이 흐르는 곳에서 도끼를 가는 할머니를 만나게 되었어. 그런데 칼을 가는 모양이 어째 좀 이상했어. 그래서 이산은 할머니에게 물었지.

"할머니, 도끼날을 세우려면 날 쪽만 갈아야지, 왜 이렇게 전부를 가는 겁니까?"

그랬더니 할머니가 대답했어.

"이렇게 다 갈아야 바늘을 만들지."

엉뚱한 할머니의 답변에 이백은 웃었지만, 할머니의 표정은 정말 도끼로 바늘을 만드는 것처럼 단호해 보였어.

"이렇게 갈다 보면 도끼도 언젠가는 바늘이 되겠지. 시간이 걸려도 포기하지만 않는다면……."

할머니의 이 말에 이백은 크게 반성했어. 그래서 가던 길을 멈추고 다시 산에 올라가 시 공부에 집중했고, 이산은 결국 최고의 시인이 되었어.

이백과 할머니의 이야기는 마부위침(磨斧爲針), 도끼를 갈아 바늘을 만든다는 말의 고사성어의 유래야. 아무리 힘든 일도 노력하고 버티면 결국은 이룰 수 있다는 의미지. 도끼를 갈아서 바늘을 만드는 것은 불가능해 보일 수 있지만, 인내와 끈기로 가능하게 만든다는 것을 보여 주는 거야.

높은 장벽을 뛰어넘는 힘

세상에 '타고난 천재'로 성공하는 사람은 의외로 적다고 해. 성공한 사람의 99%는 열정과 끈기로 다른 사람보다 호기심을 가지고 더 노력한 사람이야. 어렸을 때 천재적인 재능을 보였다가 꾸준하게 노력한 사람들에게 밀린 천재가 역사 속에 무수히 많아. 그럼 천재를 이긴 사람들의 힘은 무엇이었을까? 바로 '열정'과 '끈기'야.

열정은 무언가를 정말 좋아하고 하고 싶어 하는 마음이야. 축구를 정말 좋아해서 매일 연습하는 것처럼 말이야. 열정이 있는 사람은 자신의 일이 싫을 때도 참고 계속하지. 그런 마음은 사람에게 미래에 대해 밝은 꿈을 꾸게 해. 계획을 세우게 만들고, 그 계획이 이뤄지도록 도와주지. 열정 없이는 아무리 위대한 꿈도 이뤄 낼 수 없어.

끈기는 어려운 일이 생겨도 끝까지 포기하지 않는 힘이야. 처음에는 잘하지 못해도 참고 계속하면 나아지는 거지. 끈기가 있으면 시간이 흐를수록 실력이 점점 쌓여.

이렇게 열정과 끈기를 함께 가지면 무엇이든 할 수 있어. 좋아하는 일을 꾸준히 하다 보면 나중에는 정말 멋진 일을 해낼 수 있게 되겠지.

우리가 잘 알고 있는 위인이나 성공한 사람에게는 한 가지 공통점이 있어. 바로 목표를 향해 오래 나아갈 수 있는 열정과 끈기를 가지고 있었다는 사실이야.

세계적인 예술가 레오나르도 다빈치(Leonardo da Vinci)는 날마다 달걀 그림을 세네 시간씩 그렸어. 영국 총리였던 윈스턴 처칠(Winston Churchill)은 1948년 옥스퍼드 대학교 연설에서 "저의 성공 비결은 단 세 가지입니다. 첫째는 절대 포기하지 마라. 둘째는 절대로 절대로 포기하지 마라. 셋째는 절대로 절대로 절대로 포기하지 마라."라고 말했지. 일상에서 포기하지 않는 끈기 하나만 있어도 누구나 성공할 수 있다는 거야.

열정과 끈기를 배우려면 어떻게 해야할까?

열정과 끈기는 어떤 난관과 어려움 장벽을 뛰어넘을 수 있는 힘이 된단다. 하지만 그만큼 힘을 기르기는 어렵지. 선생님이 열정과 끈기를 키울 수 있는 방법을 알려 줄게.

첫째, 명확한 목표를 설정하면 그 목표를 향해 꾸준히 노력해야 해. 목표는 구체적이고 측정 가능하며, 도전적이지만 실현 가능한 것이어야 하는 거야.

둘째, 강점과 약점을 인식하고, 이를 기반으로 개선할 부분을 찾는 것이 중요해. 이때는 선생님, 친구, 가족에게 피드백을 받아 자신의 성장을 점검하는 것이 필요해.

셋째, 작은 성취를 경험하며 조금씩 목표를 달성하는 과정이 중요해. 작은 성공은 자신감을 키우고, 더 큰 목표를 향해 나아가는 동기 부여가 되거든.

넷째, 끊임없이 배우고 성장하려는 자세가 중요해. 새로운 지식과 기술을 배우며 자신의 역량을 확장해 나가는 것이 능력을 키우는 데 도움을 줄 거야.

다섯째, 가족, 친구, 멘토 등의 지지도 중요해. 이들은 어려운 상황에서 힘이 되어 주고, 지속적인 동기 부여를 제공하거든.

'세상에 노력만 한 재능은 없고, 인내만한 용기는 없다.'는 말이 있어. 주저앉고 싶을 때 스스로에게 질문해 보면 좋을 것 같아.

"나는 끝까지 해 봤을까?"

깊이 생각해 보자! 상상력 퀘스트!

열정과 명언 관련 명언을 말한 사람과 이어보자.

- 내 사전에 불가능이란 없다. •   • 요기 베라
- 포기는 배추 셀 때 세는 단어다. •   • 이순신
- 끝날 때까지 끝난게 아니다. •   • 작자 미상
- 죽기를 각오하면 살 것이요, 살려고 하면 죽을 것이다. •   • 나폴레옹

끈기와 열정을 의미하는 고사성어를 찾아 아래에 적어보자.

마부위침	도끼를 갈아 바늘을 만든다.

원배 쌤의 꿈 공략집

열정과 끈기는 여러분이 꿈을 이루기 위해 꼭 필요한 친구예요. 성인이 되어서 하고 싶은 일이 생기면 처음부터 잘하지 못할 수도 있어요. 그때 중요한 것이 열정을 가지고 시작해서 끈기로 끝까지 해내는 태도예요. 열정은 '이 일을 정말 잘하고 싶어!' 하는 마음을 주고, 끈기는 어려울 때도 '나는 포기하지 않고 끝까지 해 볼 거야!' 하는 힘을 줄 거예요.

꼭 기억하세요. 좋아하는 마음(열정)으로 시작하고, 끝까지 버티는 힘(끈기)으로 나아가면 우리가 원하는 미래를 꼭 만들 수 있을 거예요.

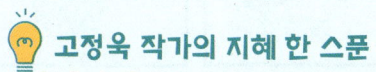

고정욱 작가의 지혜 한 스푼

사대 성인 가운데 한 분인 부처님이 이 세상에 태어나자마자 이렇게 외쳤어요.

"하늘 위 하늘 아래 내가 최고다!"

이건 무슨 말일까요? 바로 내가 가장 귀하다는 뜻이에요. 이 세상을 다 준다 해도 나와 똑같은 사람은 만들 수는 없어요. 그러니 나는 얼마나 소중한 존재겠어요.

이렇게 귀중한 '나'이기 때문에 무엇이든 할 수 있어요. 사람은 모두 자신의 소중한 일을 하기 위해 이 세상에 태어난 거예요. 나의 꿈을 향해 꿋꿋이 나아가면 멋진 삶을 살 수 있을 거예요.

나를 지켜 주는 건 강한 자존감이야. 자존감을 높이기 위해 해야 할 일은 무엇일까?

❶ 친구의 단점만 찾기
❷ 친구의 칭찬만 기다리기
❸ 작은 성취를 스스로 칭찬하며 자신을 믿기
❹ 자신의 단점만 개선하려 애쓰기

정답 ❸ 자존감은 작은 성취를 인정하고 스스로 긍정적으로 바라볼 때 높아져. 계속 훈련하고 연습해야 하는 거야.

나를 믿으면 직업도 따라온다

　미국 인디언 마을에 오래전부터 내려오는 이야기가 있어. 마을에서 벌어지는 갈등을 흰 늑대와 검은 늑대에 비유해서 설명하는 거야.

　어느 날 할아버지가 아이에게 이야기를 들려줬어.

　"우리 마음에는 두 마리의 늑대가 있단다. 한 마리는 흰 늑대이고, 다른 한 마리는 검은 늑대지. 검은 늑대는 화, 질투, 오만, 죄책감, 억울함, 열등감, 거짓말, 자존심, 우월감 등을 상징하고, 흰 늑대는 너그러움, 겸손, 사랑, 친절, 기쁨, 평화, 희망,

평온함 등을 상징하지. 그러니까 검은 늑대는 불편한 사람이나 상황을 만나게 되면 화내고 피하려는 마음이고, 흰 늑대는 같은 상황에서도 나, 너, 우리 모두에게 도움이 되는 선택을 하는 마음이라고 할 수 있어."

그 말을 들은 아이가 할아버지한테 물었어.

"할아버지 그럼 두 마리의 늑대가 싸우면 누가 이겨요?"

"그건 네가 먹이를 주는 늑대가 이긴단다."

할아버지가 대답했지.

우리의 마음속에도 항상 이러한 일이 벌어지고 있어. 어떠한 사건이 일어나면 검은 늑대와 흰 늑대가 서로 힘겨루기를 하고 있을 거야. 그 싸움에서 이기는 쪽은 결국 우리가 먹이를 주는 쪽이겠지. 우리는 평소 어느 늑대에게 먹이를 주고 있는지 생각해 볼까?

살다 보면 불편한 일도 많고 즐거운 일도 많을 거야. 힘든 상황에 따라 긍정적인 마음을 유지하려면 무엇이 필요할까? 용기도 필요하고 자신을 사랑하는 마음도 필요하겠지. 그러한 마음이 자존감이고 자기 효능감이야.

자존감은 스스로를 얼마나 소중하게 여기나 생각하는 마음이야. 아침에 일어나서 거울을 보고 '난 참 괜찮은 사람이야!'라고 느끼는 것이 바로 자존감이야. 자신을 있는 그대로 사랑하고,

잘못된 일이 있어도 자신을 탓하지 않고 용기 내는 힘을 뜻하기도 해.

자아 효능감은 '나는 해낼 수 있어!'라고 믿는 마음이야. 어려운 문제가 생겨도 스스로 해결할 수 있다고 믿고 도전하는 태도를 말하지. 어려운 숙제를 만나도 '한번 해 보자!' 하면서 노력하면 자아 효능감이 커지게 되는 거야.

이 두 가지가 함께 있다면 어려운 일도 자신감을 가지고 해낼 수 있어. 무언가 잘 안될 때도 "괜찮아, 다시 해 보면 돼." 하고 나 자신을 격려할 수 있게 되는 거야.

자아 존중감을 높일 수 있는 방법

자아 존중감은 자신을 가치 있는 존재로 여기고 사랑하는 마음을 의미해. 자존감은 자신의 능력과 가치에 대한 긍정적인 믿음이라면, 자아 존중감은 자신을 존중하고 사랑하는 감정이라 할 수 있지. 그럼 어떻게 하면 자신을 사랑하는 마음을 키울 수 있을까?

첫째, 다른 사람과 자신을 비교하지 않는 거야. 다른 사람의 키, 몸무게, 외모는 나와 다른 것일 뿐이지, 누군가 우위에 있는 것이 아니야. 우리는 우리만의 특별함이 있어.

둘째, 나만의 멋진 성격을 보여 주자. 우리가 잃지 않아야 할 소중한 것은 따뜻하고 친절한 마음이야. 다른 사람에 상냥하고 밝게 다가가면 우리가 가지고 있는 멋진 성격을 더 잘 알게 될 거야.

셋째, 현재에 집중하자. 일상생활에서 소중한 것을 느껴 보는 거야. 맛있는 음식을 먹을 때 그 맛을 느끼고, 비가 올 때 얼굴에 닿는 빗방울을 느껴 보는 거지. 이렇게 매 순간을 느끼면 일상의 소중함을 깨닫게 될 거야.

넷째, 몸의 소리에 귀 기울이자. 우리 몸은 항상 우리에게 신호를 보내고 있어. 배가 고프면 먹고, 움직이고 싶을 때는 산책하거나 밖에서 신나게 놀자.

다섯째, 스스로를 사랑하자. 자신의 장점뿐 아니라 실수도 받아들이는 거야. 누구나 실수할 수 있어. 실수했다고 자신을 미워하지 말고 스스로에게 친절하게 대해 주는 마음가짐이 중요해.

여섯째, 다른 사람의 의견에 너무 신경 쓰지 말자. 가장 중요한 건 다른 사람이 아닌 내가 나를 어떻게 생각하느냐에 달려 있어. 나 자신을 믿고 존중하면 남의 말에 흔들리지 않게 될 거야.

일곱째, 진짜 나를 찾자. 나답게 행동하는 것이 중요하지. 다른 사람처럼 보이려고 애쓰지 말고, 나만의 모습을 당당하게 보여 주는 거야. 나를 온전히 표출하기 두려울 때가 있을 수 있어. 하지만 자신을 감추면 마음속에 답답함이 쌓이게 될 테니 차분하게 자신을 표현해 보자.

여덟째, 거울을 보고 웃자. 거울 앞을 지날 때마다 환하게 웃어 보는 거야. 그리고 스스로에게 "오늘 정말 잘했어", "나는 참 멋져."와 같은 칭찬도 함께 해 주자.

사람은 누구나 자신에게 부족한 점을 느끼면서 살아가고 있어. 그것을 부끄러워하거나 숨기려 하지 말고 보완해서 더 나아지려는 긍정적인 마음가짐을 가져야 해.

자존감, 자기 효능감, 자아 존중감은 우리가 행복하고 건강한 삶을 사는 데 중요한 버팀목이 될 거야.

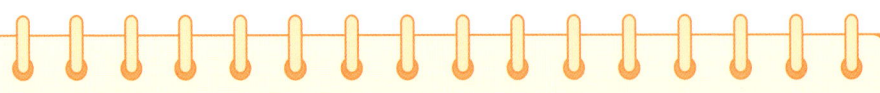

깊이 생각해 보자! 상상력 퀘스트!

거울 앞에 서서 모습을 보면서, 자신에게 해 줄 수 있는 멋진 칭찬을 두 가지 적어 보자.

(예시) 넌 정말 친절해.

1.

2.

나 자신에게 해 주고 싶은 긍정적인 문장을 세 개 적고, 매일 아침 소리 내어 한 번씩 읽어 보자.

원배 쌤의 꿈 공략집

자존감, 자아 효능감, 자아 존중감이 있으면 친구들과 잘 지내며, 행복하게 생활할 수 있어요. 새로운 꿈을 꾸고 그 꿈을 이루기 위한 원동력이 되어 주기도 하지요.

자존감은 무엇보다 실수했을 때도 스스로를 탓하지 않고 "괜찮아, 실수는 누구나 할 수 있는 거야!"라고 말하며, 다시 도전할 용기를 얻을 수 있어요. 실수는 배우는 과정이라는 걸 알기 때문이죠. 자아 효능감은 힘들고 어려운 순간에도 끝까지 노력하게 하는 힘이에요. 자신이 성장할 수 있다는 믿음을 주기 때문에 새로운 것을 배우고 익히는 데 큰 도움이 될 거예요.

💡 고정욱 작가의 지혜 한 스푼

어릴 때의 나는 자존감이 무척 낮았어요. 장애가 있다고 놀리는 철없는 아이들도 있었지요. 이런 내가 자존감이 높아진 건 독서를 많이 해서예요. 누구보다 책을 많이 읽었다는 게 나를 당당하게 만들었죠. 그 결과 당연히 공부도 잘하게 되었고요. 말도 잘하고 글도 잘 쓰게 되었어요. 그러다보니 나는 스스로 '내가 아주 쓸모 있는 사람이 될 수 있겠다.'라고 생각했어요. 그 생각은 지금도 변함이 없어요. 세상에 말과 글로 선한 영향력을 주고 있기 때문이에요. 이런 제 모습이 바로 높은 자존감이었어요. 자존감이 낮으면 남에게 좋은 영향을 주기 힘들어요. 그렇기 때문에 스스로를 높여 주는 훈련을 많이 해야 해요.

꿈 대신 직업으로 말해볼게
ⓒ 고정욱·김원배, 2025

초판 1쇄 인쇄일　2025년 10월 10일
초판 1쇄 발행일　2025년 10월 17일

지은이　　고정욱·김원배
그린이　　뭉선생
펴낸이　　정은영
편집　　　음수현 정사라 김지수 김명선
디자인　　허다영
마케팅　　최금순 이언영 연병선
저작권　　신은혜
제작　　　홍동근

펴낸곳　　(주)자음과모음
출판등록　2001년 11월 28일 제2001-000259호
주소　　　(10881) 경기도 파주시 회동길 325-20
전화　　　편집부 02) 324-2347, 경영지원부 02) 325-6047
팩스　　　편집부 02) 324-2348, 경영지원부 02) 2648-1311
이메일　　jamoteen@jamobook.com

ISBN　　978-89-544-7310-1 (73190)

잘못된 책은 구매처에서 교환해 드립니다.